中国普通高校
创新能力监测报告

2021

中华人民共和国教育部
中华人民共和国科学技术部　编

科学技术文献出版社
SCIENTIFIC AND TECHNICAL DOCUMENTATION PRESS
·北京·

U0642916

图书在版编目（CIP）数据

中国普通高校创新能力监测报告. 2021 / 中华人民共和国教育部，中华人民共和国科学技术部编. —北京：科学技术文献出版社，2021.10

ISBN 978-7-5189-8058-1

Ⅰ.①中… Ⅱ.①中… ②中… Ⅲ.①高等学校—科研管理—研究报告—中国—2021 Ⅳ.① G644

中国版本图书馆 CIP 数据核字（2021）第 134984 号

中国普通高校创新能力监测报告2021

策划编辑：李 蕊　　责任编辑：张 红　　责任校对：张吲哚　　责任出版：张志平

出　版　者	科学技术文献出版社
地　　　址	北京市复兴路15号　邮编　100038
编　务　部	(010) 58882938，58882087（传真）
发　行　部	(010) 58882868，58882870（传真）
邮　购　部	(010) 58882873
官 方 网 址	www.stdp.com.cn
发　行　者	科学技术文献出版社发行　全国各地新华书店经销
印　刷　者	北京时尚印佳彩色印刷有限公司
版　　　次	2021 年 10 月第 1 版　2021 年 10 月第 1 次印刷
开　　　本	889×1194　1/16
字　　　数	192千
印　　　张	12.25
书　　　号	ISBN 978-7-5189-8058-1
定　　　价	78.00元

中国普通高校创新能力监测报告2021

编辑委员会及编辑人员

主　　任：雷朝滋　许　倞

　　　　　崔保师　梁颖达　胡志坚

副 主 任：张国辉　邢怀滨

　　　　　马　涛　孙福全

成　　员：（按姓氏笔画排列）

　　　　　于永顺　王　纾　王　骁　叶伟萍

　　　　　玄兆辉　朱迎春　孙　诚　孙云杰

　　　　　杜云英　邹　晖　张　洁　陈志军

　　　　　秦浩源　韩　倩

前　言

　　为深入贯彻落实《中共中央　国务院关于深化科技体制改革加快国家创新体系建设的意见》（中发〔2012〕6号）的相关要求，科技部、国家统计局会同有关部门加快推进国家创新调查制度工作，积极开展创新活动统计调查，持续发布创新能力监测和评价报告，准确研判中国创新型国家建设进程，深入分析国家创新体系中各创新主体的创新活动特征，为实施创新驱动发展战略提供决策支撑。

　　高校是源头创新的主力军之一，是国家创新体系的重要组成部分。高校创新能力监测是国家创新调查制度工作的重要内容。2016年，教育部科技司会同科技部战略规划司（原创新发展司）、中国教育科学研究院、中国科学技术发展战略研究院联合开展了全国普通高校创新调查，首次获得了一批反映当前普通高校与企业联合培养人才、参与产学研合作、科技成果扩散与转化等状况的数据。2019年和2020年，4家单位联合开展了第四轮、第五轮全国调查，获取了截至2018年年底和2019年年底的调查数据。2019年有2241所高校、近1.4万名高校教师，以及2.1万名本科生和1.6万名研究生参与调查。2020年在新冠肺炎疫情特殊时期，仍然有2186所高校、1.7万名高校教师，以及3.4万名本科生和2.1万名研究生参与调查。

　　本报告以2010—2019年全国普通高校统计数据为基础（主要来源于《中国科技统计年鉴》《中国教育统计年鉴》《中国教育经费统计年鉴》《高等学校科技统计资料汇编》），结合2018—2019年度高校创新调查数据、OECD统计数据及Elsevier公司的SciVal数据库，从高校基本情况、创新人才培养、高校研发投入、科技成果及转化、国际交流与合作、高校产学研合作创新、高校教师参与创新情况、高校学生参与创新情况8个方面反映全国普通高校的创新状况，并着重体现高校在以企业为核心的创新体系中发挥的作用。

本报告分为上、下两篇。上篇为统计篇，包括5个部分，梳理了2010—2019年反映普通高校创新能力整体发展状况的总体数据。下篇为调查篇，包括3个部分：第一部分基于高校创新信息采集报表数据，重点反映2018—2019年度高校产学研合作创新状况；第二部分基于高校教师创新情况调查数据，反映2018—2019年度高校教师在创新人才培养、多元合作创新、科技成果转化与扩散等方面的情况；第三部分基于高校学生创新情况调查数据，反映2018—2019年度高校研究生和本科生参与科研活动、接受创新创业教育等情况。

高校创新能力监测既是一项长期的系统性、基础性工作，又是一项起步不久的工作，难免存在很多疏漏和偏差，今后随着全国科技统计工作和创新调查工作的进一步深入发展，将不断调整和完善。

《中国普通高校创新能力监测报告2021》

编辑委员会

二〇二一年九月

C目录
Contents

普通高校创新能力监测框架

中国拥有世界上在校生规模最大的高等教育系统。2019年，全国共有普通高等学校2688所（其中研究生培养机构593所），普通高等教育本专科在校生3031.5万人，研究生在校生283.5万人，教职工256.7万人。普通高校是国家创新体系的重要组成部分，在创新型人才培养、知识创新与传播、产学研合作等方面都发挥着独特的作用。

发展是第一要务，人才是第一资源，创新是第一动力。高校作为科技创新体系的重要组成部分，不仅聚集了一大批优秀的科技创新人员，而且作为培养创新人才的重要阵地，源源不断地为整个创新体系输送新鲜血液。2018年，中共中央办公厅、国务院办公厅《关于分类推进人才评价机制改革的指导意见》指出，要健全教育人才评价体系，坚持立德树人，把教书育人作为教育人才评价的核心内容，深化高校教师评价制度改革，坚持分类指导和分层次评价相结合，突出教育教学业绩评价。

根据高校在整个国家创新体系中的定位及高校自身的职能特征，全面监测普通高校创新能力，需要兼顾人才培养、科学研究和社会服务等多个方面的发展状况。结合往年工作经验及多次专家研讨结果，本着指标涉及面尽量广泛的原则，高校创新调查监测报告分两大部分，共8个维度（一级指标）建立监测框架。

（一）统计部分监测框架

第一部分为统计部分监测框架（表0-1），共有5个一级指标，数据主要来源于各类公开的统计数据。

1. 高校基本情况

高校基本情况主要是指普通高校创新载体和人员的数量，包括普通高校数量、普通高校R&D机构数量、专任教师数量与结构等方面。

2. 创新人才培养

创新人才是创新发展的根本。人才培养是高校三大职能之一，同时高校在国家创新体系中也肩负着培养和输送创新型人才的重要使命。这个维度主要包括普通高校专科、本科、研究生在校生人数，理工农医类专科、本科、研究生在校生人数，参与课题研究的在校研究生数量及占比等方面。

3. 高校研发投入

人力和经费投入及重要科研平台建设是高校开展研发活动的基础与保障。这个维度主要包括R&D人员数量与结构、R&D人员类型、R&D经费内部支出、R&D经费内部支出类型、R&D经费来源等，以及国家级科研平台的有关情况。

4. 科技成果及转化

科技成果是科技创新活动的结晶，科技成果转化为现实生产力是创新驱动发展的本质要求。这一维度主要包括科研成果、科研成果转化与扩散等方面。

5. 国际交流与合作

国际合作是当前科技创新发展的大势所趋，通过国际合作能够提升科技创新的数量、质量及影响。这个维度主要包括国际合作课题、国际合作人员和经费投入，以及国际学术交流等方面。

在高校创新能力监测指标体系中，部分二级指标做了不同类型、不同学科、不同层次、不同地区、不同国家的比较，相关数据主要来源于公开的统计数据及数据库。

表0-1　普通高校创新能力监测指标体系（统计部分）

一级指标	二级指标
1. 高校基本情况	1.1　普通高校数量（所）
	1.2　普通高校R&D机构数量（个）
	1.3　专任教师数量（万人）
	1.4　专任教师拥有高级职称占比（%）
	1.5　专任教师拥有博士学位占比（%）
	1.6　女性专任教师占比（%）
2. 创新人才培养	2.1　专科在校生人数（万人）
	2.2　理工农医专科在校生人数（万人）
	2.3　本科在校生人数（万人）
	2.4　理工农医本科在校生人数（万人）
	2.5　研究生在校生人数（万人）
	2.6　理工农医研究生在校生人数（万人）
	2.7　参与课题研究的在校研究生数量（万人）
	2.8　参与课题研究的在校研究生占比（%）
3. 高校研发投入	3.1　R&D人员（万人）
	3.2　R&D人员占全国的比例（%）
	3.3　女性R&D人员占比（%）
	3.4　硕博学位R&D人员占比（%）
	3.5　R&D人员全时当量（万人年）
	3.6　R&D人员全时当量占全国的比例（%）
	3.7　R&D经费内部支出（亿元）
	3.8　R&D经费内部支出占全国比重（%）
	3.9　R&D人员人均经费（万元）
	3.10-1　基础研究占R&D经费内部支出比例（%）
	3.10-2　应用研究占R&D经费内部支出比例（%）
	3.10-3　试验发展占R&D经费内部支出比例（%）
	3.11-1　R&D经费内部支出中来源于政府资金的比例（%）
	3.11-2　R&D经费内部支出中来源于企业资金的比例（%）
	3.11-3　R&D经费内部支出中来源于国外资金的比例（%）
	3.11-4　R&D经费内部支出中来源于其他资金的比例（%）
	3.12　R&D课题经费（亿元）

续表

一级指标	二级指标
4. 科技成果及转化	4.1　科技论文数量（万篇）
	4.2　科技论文数量占全国的比例（%）
	4.3　SCI论文数量（万篇）
	4.4　SCI论文数量占全国的比例（%）
	4.5　专利申请数量（万件）
	4.6　专利申请数量占全国的比例（%）
	4.7　发明专利申请数量占全国的比例（%）
	4.8　发明专利申请数量占专利申请数的比例（%）
	4.9　专利授权数量（万件）
	4.10　专利授权数量占全国的比例（%）
	4.11　发明专利授权数量占全国的比例（%）
	4.12　发明专利授权数量占专利授权数的比例（%）
	4.13　技术市场成交合同数量（万项）
	4.14　技术市场成交合同数量占全国的比例（%）
	4.15　技术市场成交合同金额（亿元）
	4.16　技术市场成交合同金额占全国的比例（%）
	4.17　专利所有权转让及许可数量（项）
	4.18　专利所有权转让及许可收入（亿元）
	4.19　企业委托R&D课题数（万项）
	4.20　企业委托R&D课题经费（亿元）
	4.21　参与企业委托R&D课题人员数量（万人年）
5. 国际交流与合作	5.1　与境外合作的R&D课题数（项）
	5.2　与境外合作的R&D课题数占比（%）
	5.3　与境外合作的R&D课题人员投入数（人年）
	5.4　与境外合作的R&D课题人员投入占比（%）
	5.5　与境外合作的R&D课题经费投入数（亿）
	5.6　与境外合作的R&D课题经费投入占比（%）
	5.7　国际合作研究派遣（人次）
	5.8　国际合作研究接受（人次）
	5.9　国际学术会议出席人员（人次）
	5.10　国际学术会议交流论文（篇）
	5.11　国际学术会议特邀报告（篇）
	5.12　国际学术会议主办（次）

（二）调查部分监测框架

第二部分为调查部分监测框架（表0-2），共有3个维度，内容包括高校产学研合作创新、高校教师参与创新情况及高校学生参与创新情况。数据主要来源于普通高校创新调查数据，其中，高校产学研合作创新使用"普通高校创新信息采集报表"采集的学校层面全口径补充统计数据，高校教师参与创新情况和高校学生参与创新情况使用"普通本科高校学生创新情况调查问卷"采集的人员层面抽样调查数据。

1. 高校产学研合作创新

随着高校功能从人才培育、科学研究到社会服务的延伸，高等教育、科技、经济一体化的趋势越来越强。产学研合作是企业、科研院所和高等学校之间的合作，其实质是促进技术创新所需各种生产要素的有效组合。该维度的指标内容主要包括产学研合作培养人才、产学研合作开展科研、产学研合作进行科研成果转化与扩散等方面。

2. 高校教师参与创新情况

高校教师既参与科技创新活动，又承担着创新人才培养的任务，是高校创新活动的主力，同时也是科教融合的重要媒介。该维度的指标内容主要包括教师对教学、科研和社会服务活动的投入，对教学科研关系的态度，吸纳本科生、研究生参与科研的情况，教师个人承担横向及纵向课题的情况，与企事业单位合作培养学生的情况，与企事业单位合作开展科研的情况及个人科技创新成果转化情况等。

3. 高校学生参与创新情况

通过"科教融合"吸纳学生参与科技创新活动，已经成为高校培养创新人才的重要途径。学生，特别是研究生，在高校科研创新活动中扮演着越来越重要的角色。该维度的指标内容主要包括学生发表学术期刊、学术会议论文情况，学生参加省部级及以上大赛获奖情况，学生参与校企合作工作的情况，学生对教师工作中科教融合的看法，学生参与科研课题情况，学生接受创新创业教育情况，以及学生参与产学研合作情况等。

表0-2 普通高校创新能力监测指标体系（调查部分）

一级指标	指标内容
6. 高校产学研合作创新	6.1 去企业就业的毕业生情况
	6.2 校企共建基地情况
	6.3 校企合作教学情况
	6.4 创新创业教育情况
	6.5 企业设立奖学金情况
	6.6 专任教师企业实践情况
	6.7 校聘兼职教师情况
	6.8 学校服务企业情况
	6.9 校企合作申报纵向科研项目情况
	6.10 校企合作科研成果情况
	6.11 参与创新战略联盟情况
	6.12 企业委托科研项目情况
	6.13 学校专门设置技术转化机构情况
	6.14 学校专门设置技术转化网站情况
	6.15 学校科技成果转化情况
7. 高校教师参与创新情况	7.1 对教学、科研和社会服务活动的投入
	7.2 对教学科研关系的态度
	7.3 吸纳本科生、研究生参与科研的情况
	7.4 承担横向课题的情况
	7.5 承担纵向课题的情况
	7.6 开展协同创新的情况
	7.7 创新成果转化情况
	7.8 对平台和制度设计的评价
8. 高校学生参与创新情况	8.1 学生发表学术期刊、学术会议论文情况
	8.2 学生在省部级及以上大赛的获奖情况
	8.3 学生申请专利与获得专利授权情况
	8.4 学生完成软件设计开发和试验改进情况
	8.5 学生参与学术会议报告的情况
	8.6 学生参与创新创业和科技学术竞赛情况
	8.7 学生综合能力提升情况
	8.8 学生对教师科教融合育人的看法
	8.9 学生参与科研课题情况
	8.10 学生参与科研工作的兴趣
	8.11 学生接受创新创业教育情况
	8.12 学生参与产学研合作活动情况
	8.13 学生对创新人才培养环境的看法

中国普通高校创新能力监测报告2021

统计篇 上 篇

一、高校基本情况

监测结果显示，2019年全国拥有普通高校2688所，其中本科高校1265所，高职专科学校1423所；R&D机构18 379个。全国拥有普通高校专任教师174.0万人，其中拥有高级职称的专任教师占43.4%，拥有博士学位的专任教师占27.3%，女性教师占50.8%。

表1-1 普通高校基本情况（2010—2019年）

指标	2010年	2011年	2012年	2013年	2014年	2015年	2016年	2017年	2018年	2019年
1.1 普通高校数量（所）	2358	2409	2442	2491	2529	2560	2596	2631	2663	2688
其中：本科	1112	1129	1145	1170	1202	1219	1237	1243	1245	1265
高职专科	1246	1280	1297	1321	1327	1341	1359	1388	1418	1423
其中：中央所属	111	111	113	113	113	118	118	119	119	118
地方所属*	1573	1602	1623	1661	1689	1708	1737	1766	1784	1802
民办	674	696	706	717	727	734	741	746	749	756
1.2 普通高校R&D机构数量（个）	7833	8630	9225	9842	10 632	11 732	13 062	14 971	16 280	18 379
1.3 专任教师数量（万人）	134.3	139.3	144.0	149.7	153.5	157.3	160.2	163.3	167.3	174.0
1.4 专任教师拥有高级职称占比（%）	39.1	39.8	40.4	41.0	41.5	41.9	42.2	42.8	43.2	43.4
1.5 专任教师拥有博士学位占比（%）	14.9	16.3	17.7	19.1	20.4	21.5	22.9	24.4	25.9	27.3
1.6 女性专任教师占比（%）	46.5	46.9	47.3	47.7	48.1	48.6	49.2	49.8	50.3	50.8

*地方所属普通高校是指地方公办普通高校，包括教育部门办、其他部门办和地方企业办3类。

表1-2　分地区普通高校基本情况（2019年）

单位：所

地区	普通高校总数	其中：中央部门	本科院校	高职专科院校
北 京	93	39	68	25
天 津	56	3	30	26
河 北	122	4	61	61
山 西	82	0	33	49
内蒙古	53	0	17	36
辽 宁	115	5	64	51
吉 林	62	2	37	25
黑龙江	81	3	39	42
上 海	64	10	39	25
江 苏	167	10	77	90
浙 江	108	1	59	49
安 徽	120	2	46	74
福 建	90	2	39	51
江 西	103	0	45	58
山 东	146	3	70	76
河 南	141	1	57	84
湖 北	128	8	68	60
湖 南	125	3	51	74
广 东	154	4	67	87
广 西	78	0	38	40
海 南	20	0	8	12
重 庆	65	2	26	39
四 川	126	6	52	74
贵 州	72	0	29	43
云 南	81	1	32	49
西 藏	7	0	4	3
陕 西	95	6	57	38
甘 肃	49	2	22	27
青 海	12	0	4	8
宁 夏	19	1	8	11
新 疆	54	0	18	36

表1-3 分地区普通高校专任教师情况（2019年）

地区	专任教师数量（人）	专任教师拥有高级职称的比例（%）	专任教师拥有硕士学位的比例（%）	专任教师拥有博士学位的比例（%）
北　京	71 997	65.1	22.2	66.5
天　津	32 651	47.9	34.5	37.8
河　北	79 147	43.8	39.9	17.7
山　西	42 798	34.2	41.1	18.1
内蒙古	27 382	44.9	37.7	16.9
辽　宁	63 149	48.6	36.9	29.0
吉　林	40 298	49.7	40.2	28.8
黑龙江	47 245	52.0	37.2	27.5
上　海	46 278	51.7	29.2	56.8
江　苏	120 599	49.5	32.2	36.9
浙　江	66 734	45.3	34.1	36.4
安　徽	62 374	37.7	44.2	19.9
福　建	49 116	44.7	35.5	27.3
江　西	60 224	34.9	34.6	17.0
山　东	117 609	40.8	36.2	25.3
河　南	123 977	33.1	40.3	16.1
湖　北	85 276	47.8	35.6	31.2
湖　南	76 527	40.2	35.1	22.0
广　东	114 700	40.7	36.3	29.3
广　西	48 726	37.5	46.4	15.7
海　南	11 076	42.3	39.1	20.4
重　庆	45 537	40.4	40.2	26.2
四　川	89 796	38.4	39.2	21.8
贵　州	37 753	41.3	37.0	16.0
云　南	41 506	38.4	37.1	16.0
西　藏	2610	41.2	53.3	13.1
陕　西	70 318	45.5	38.8	33.0
甘　肃	29 755	46.2	36.8	19.0
青　海	4767	47.5	27.7	16.1
宁　夏	8422	46.1	38.9	17.0
新　疆	21 798	32.5	44.4	13.6

二、创新人才培养

监测结果显示，2019年，中国普通高校拥有专科在校生1280.7万人，其中理工农医755.8万人；本科在校生1750.8万人，其中理工农医870.3万人；普通高校研究生在校生283.5万人，其中理工农医172.6万人。在设有理工农医类教学专业的高校中，参与课题研究的在校研究生达83.3万人，占在校研究生总数的48.3%。

表2-1 普通高校人才培养状况（2010—2019年）

指标	2010年	2011年	2012年	2013年	2014年	2015年	2016年	2017年	2018年	2019年
2.1专科在校生人数（万人）	966.2	958.9	964.2	973.6	1006.6	1048.6	1082.9	1105.0	1133.7	1280.7
2.2理工农医专科在校生人数（万人）	506.2	544.9	553.5	564.0	587.7	614.2	615.0	633.4	659.0	755.8
2.3本科在校生人数（万人）	1265.6	1349.7	1427.1	1494.4	1541.1	1576.7	1613.0	1648.6	1697.3	1750.8
2.4理工农医本科在校生人数（万人）	635.7	674.1	708.8	735.3	757.4	775.2	794.8	814.3	841.0	870.3
2.5研究生在校生人数（万人）	148.3	158.8	167.9	175.0	182.3	188.6	195.5	260.8	270.3	283.5
2.6理工农医研究生在校生人数（万人）	79.6	95.7	101.0	105.7	111.4	115.4	119.8	162.9	165.6	172.6
2.7参与课题研究的在校研究生数量（万人）*	43.9	46.2	51.3	55.0	57.7	60.3	63.3	67.0	73.3	83.3
2.8参与课题研究的在校研究生占比（%）*	55.2	48.3	50.8	52.0	51.8	52.3	52.8	41.1	44.3	48.3

*仅包括设有理工农医类教学专业的高校。

表2-2　分地区普通高校人才培养（2019年）

单位：万人

地区	专科在校生数量	本科在校生数量	研究生在校生数量
北　京	7.4	52.7	39.1
天　津	17.9	36.0	7.9
河　北	65.1	82.3	5.8
山　西	28.6	51.6	4.1
内蒙古	20.7	26.5	2.9
辽　宁	34.4	69.7	13.3
吉　林	20.7	49.3	7.7
黑龙江	23.6	54.2	8.4
上　海	13.5	39.1	21.1
江　苏	73.4	114.0	24.1
浙　江	43.9	63.6	10.0
安　徽	56.1	68.0	7.4
福　建	34.3	51.8	6.2
江　西	56.7	56.8	4.6
山　东	108.2	110.2	12.8
河　南	112.2	119.7	5.8
湖　北	60.7	89.3	19.1
湖　南	65.9	74.8	10.7
广　东	89.4	116.0	13.6
广　西	55.4	52.3	4.0
海　南	8.9	11.9	1.0
重　庆	36.5	47.0	8.4
四　川	71.8	94.4	13.4
贵　州	39.5	37.1	2.5
云　南	39.3	47.1	5.0
西　藏	1.1	2.6	0.2
陕　西	42.9	69.3	15.6
甘　肃	22.8	29.7	4.5
青　海	3.1	4.2	0.6
宁　夏	5.1	8.4	0.8
新　疆	21.6	21.1	2.8

三、高校研发投入

监测结果显示，2019年我国普通高校拥有R&D人员123.3万人，占全国R&D人员的17.3%；女性R&D人员占37.5%，硕博学位R&D人员占75.1%。普通高校R&D人员全时当量56.6万人年，占全国R&D人员全时当量的11.8%；其中，基础研究中投入26.7万人年，应用研究中投入25.8万人年，试验发展中投入4.1万人年。在设有理工农医类教学专业的高校中，参与课题研究的在校研究生数量达83.3万人。

2019年，全国普通高校R&D经费内部支出1796.6亿元，占全国R&D经费内部支出的8.1%，R&D人员人均经费14.6万元。在普通高校R&D经费内部支出中，基础研究占40.2%；应用研究占48.9%；试验发展占10.9%。在全国普通高校R&D经费来源中，政府资金占58.4%，企业资金占26.2%，国外资金占0.3%，其他资金占15.1%。2019年，全国普通高校R&D课题经费达1154.0亿元。

表3-1 普通高校R&D人员投入（2010—2019年）

指标	2010年	2011年	2012年	2013年	2014年	2015年	2016年	2017年	2018年	2019年
3.1 R&D人员（万人）	59.4	63.2	67.8	71.5	76.3	83.9	85.2	91.4	98.4	123.3
3.2 R&D人员占全国的比例（%）	16.8	15.7	14.7	14.2	14.3	15.3	14.6	14.7	15.0	17.3
3.3 女性R&D人员占比（%）	35.1	36.4	37.5	38.7	40.0	41.4	42.1	43.0	43.5	37.5
3.4 硕博学位R&D人员占比（%）	57.0	58.9	61.0	62.5	63.8	66.2	69.8	71.2	72.7	75.1
3.5 R&D人员全时当量（万人年）	29.0	29.9	31.4	32.5	33.5	35.5	36.0	38.2	41.1	56.6

续表

指标	2010年	2011年	2012年	2013年	2014年	2015年	2016年	2017年	2018年	2019年
其中：基础研究	12.0	12.9	14.0	14.7	15.5	16.4	16.7	18.1	19.1	26.7
应用研究	14.8	15.0	15.4	15.9	16.1	17.2	17.3	18.3	19.7	25.8
试验发展	2.1	2.0	1.9	1.9	1.9	1.9	2.0	1.9	2.3	4.1
3.6 R&D人员全时当量占全国的比例（%）	11.3	10.4	9.7	9.2	9.0	9.4	9.3	9.5	9.4	11.8

表3-2　普通高校R&D经费投入（2010—2019年）

指标	2010年	2011年	2012年	2013年	2014年	2015年	2016年	2017年	2018年	2019年
3.7 R&D经费内部支出（亿元）	597.3	688.8	780.6	856.7	898.1	998.6	1072.2	1266.0	1457.9	1796.6
3.8 R&D经费内部支出占全国比重（%）	8.5	7.9	7.6	7.2	6.9	7.0	6.8	7.2	7.4	8.1
3.9 R&D人员人均经费（万元/人）	10.1	10.9	11.5	12.0	11.8	11.9	12.6	13.9	14.8	14.6
3.10-1 基础研究占R&D经费内部支出比例（%）	31.1	32.9	35.3	35.9	36.6	39.2	40.3	42.0	40.5	40.2
3.10-2 应用研究占R&D经费内部支出比例（%）	56.4	54.1	51.6	51.5	53.1	51.7	49.3	49.2	48.8	48.9
3.10-3 试验发展占R&D经费内部支出比例（%）	13.5	13.0	13.1	12.6	10.4	9.1	10.4	8.8	10.7	10.9
3.11-1 R&D经费内部支出中来源于政府资金的比例（%）	60.1	58.8	60.7	60.3	59.7	63.8	64.1	63.6	66.7	58.4
3.11-2 R&D经费内部支出中来源于企业资金的比例（%）	33.2	35.3	33.4	33.8	33.7	30.2	29.0	28.5	26.6	26.2
3.11-3 R&D经费内部支出中来源于国外资金的比例（%）	0.9	0.9	0.8	0.6	0.6	0.5	0.6	0.5	0.4	0.3
3.11-4 R&D经费内部支出中来源于其他资金的比例（%）	5.8	5.1	5.1	5.3	6.0	5.5	6.3	7.5	6.4	15.1
3.12 R&D课题经费（亿元）	467.0	535.3	607.3	662.7	701.8	765.6	777.2	877.0	988.8	1154.0

表3-3 普通高校R&D课题人员投入按学科分布（2010—2019年）

单位：人年

学科	2010年	2011年	2012年	2013年	2014年	2015年	2016年	2017年	2018年	2019年
数学	4838	5093	5374	5890	6353	6449	6277	6124	6319	9165
信息科学与系统科学	3017	3648	3156	3459	3772	4091	4442	4748	4885	7561
力学	1225	1161	1477	1427	1611	1347	1405	1727	1823	3707
物理学	6103	6124	6818	7156	7303	7202	7300	7694	8101	14 424
化学	9045	9668	9651	10 355	10 577	10 792	10 548	11 518	11 407	17 909
天文学	151	148	168	127	218	215	202	219	237	483
地球科学	5800	5272	6150	6301	6596	7118	6637	6971	7080	12 931
生物学	11 013	10 683	10 849	11 634	11 384	11 587	12 047	12 336	12 606	20 240
心理学	104	101	136	186	1357	215	302	335	334	2192
农学	8490	7764	8862	8207	7998	8405	9557	9888	9178	14 684
林学	2422	2416	2216	2179	2285	2287	2447	2515	2575	3656
畜牧、兽医科学	3247	3087	3006	3128	3150	2838	3383	3483	3633	5085
水产学	1000	935	938	1098	1215	1281	1194	1126	1356	1570
基础医学	12 188	12 813	12 899	14 440	14 259	14 932	15 415	16 171	19 366	23 072
临床医学	36 658	39 183	40 279	40 127	43 330	43 694	43 467	47 666	53 319	69 327
预防医学与卫生学	2151	2105	1973	1838	1909	2150	2001	2305	2365	4866
军事医学与特种医学	64	91	112	119	80	56	68	91	91	159
药学	3093	3547	3430	3738	4162	4093	4586	4780	5684	7377
中医学与中药学	10 989	11 705	11 855	13 654	12 223	12 541	12 153	13 433	14 959	18 965
工程与技术科学基础学科	1825	1959	1394	1504	2211	1819	2092	2299	2410	4681
信息与系统科学相关工程与技术	833	1302	1887	1985	2555	2527	2908	3638	4132	6931
自然科学相关工程与技术	888	784	754	1075	1176	1342	1773	2167	1998	4268
测绘科学技术	803	767	785	904	912	1129	1042	1134	1249	2264
材料科学	9868	10 227	785	10 495	11 321	11 724	12 806	13 341	14 000	23 505
矿山工程技术	3235	3667	3472	3655	3243	3111	3359	3472	3446	4934
冶金工程技术	1365	951	1191	1254	1053	1100	1114	1266	1548	2182
机械工程	10 540	12 050	11 386	11 092	11 546	12 301	12 948	13 339	14 512	23 037
动力与电气工程	5290	5242	5615	5558	5978	6437	6493	7128	7527	13 548

续表

学科	2010年	2011年	2012年	2013年	2014年	2015年	2016年	2017年	2018年	2019年
能源科学技术	2263	2406	2387	2430	3194	2506	2285	2415	2420	4493
核科学技术	516	433	612	497	586	524	568	582	494	1269
电子、通信与自动控制技术	13 715	13 000	13 092	12 560	11 653	12 458	12 634	12 208	12 659	23 435
计算机科学技术	10 750	10 715	11 813	11 528	12 138	12 695	12 814	13 878	15 289	22 875
化学工程	5751	5570	5753	5748	5718	5912	5963	6397	6580	8764
产品应用相关工程与技术	257	302	604	567	531	600	727	713	776	1965
纺织科学技术	1131	1036	1044	1060	929	879	1049	1222	1233	1527
食品科学技术	2322	2309	2562	2738	2984	3036	3115	3594	4196	5847
土木建筑工程	6913	6941	6921	7580	8032	9111	9487	10 444	10 997	16 056
水利工程	1648	1864	1864	1752	1781	1684	1975	2031	2037	3597
交通运输工程	4139	4533	4124	4646	4933	4805	4948	4826	5216	8847
航空、航天科学技术	2349	1720	2091	2350	1729	2189	2120	2058	1911	3929
环境科学技术	6451	6325	6238	7209	6935	7609	7622	7852	8500	13 157
安全科学技术	527	547	648	611	711	826	824	898	903	2065
管理学	16 412	17 694	19 703	20 359	19 819	23 885	22 834	22 750	24 822	29 450
马克思主义	2064	2345	2695	2976	3350	4037	4336	4852	5784	6381
哲学	1301	1403	1452	1505	1599	1622	1598	1512	1654	1686
宗教学	225	232	262	250	290	336	291	291	300	278
语言学	4953	5351	5989	6152	6435	7172	6821	6812	7205	7302
文学	4019	4131	4643	4753	4864	5305	4901	5094	5426	5603
艺术学	4690	5430	6077	6383	6795	8010	8225	9332	10 489	11 275
历史学	2074	2155	2443	2369	2497	2664	2360	2550	2816	2910
考古学	224	244	259	254	291	336	307	353	421	458
经济学	11 654	12 082	13 046	12 675	13 073	14 357	13 914	14 111	14 921	14 105
政治学	1961	1919	2031	2128	2205	2416	2309	2413	2595	2572
法学	4168	4504	4980	5100	5277	5698	5551	5797	5894	6000
军事学	59	2	122	15	6	22	21	12	10	—
社会学	3809	4073	4496	4806	5050	5562	5537	5906	6256	6052
民族学	560	833	1118	1300	1495	1773	1888	2129	2162	2135
新闻学与传播学	1468	1549	1723	1831	1966	2139	2180	2535	2573	2635

学科	2010年	2011年	2012年	2013年	2014年	2015年	2016年	2017年	2018年	2019年
图书馆、情报与文献学	1439	1583	1735	1773	1808	1924	1737	1812	1873	1813
教育学	9069	9312	10 308	10 823	11 423	14 140	15 582	16 971	18 781	18 637
体育科学	3215	3349	3780	4118	3886	4188	4043	4116	4479	4573
统计学	496	508	658	754	834	957	966	954	972	948
其他	107	123	175	310	273	315	342	1654	1966	—

表3-4　分地区普通高校R&D人员情况（2019年）

地区	R&D人员（人）	硕博学位R&D人员比例（%）	女性R&D人员比例（%）
北　京	128 146	76.5	30.9
天　津	35 132	76.9	35.0
河　北	36 017	71.8	54.9
山　西	21 590	72.5	45.5
内蒙古	10 221	72.5	49.6
辽　宁	46 423	76.4	39.8
吉　林	41 074	78.1	41.5
黑龙江	35 613	76.9	35.9
上　海	69 761	76.2	31.3
江　苏	94 755	79.8	34.0
浙　江	67 412	78.2	40.6
安　徽	40 544	74.1	30.6
福　建	40 561	72.8	42.0
江　西	20 942	73.1	40.0
山　东	66 341	74.9	41.4
河　南	37 743	73.0	47.2
湖　北	55 457	74.7	33.5
湖　南	51 662	73.3	39.8
广　东	83 351	76.4	35.2
广　西	32 935	70.7	44.7
海　南	4955	69.7	47.2
重　庆	31 157	74.3	38.4

续表

地区	R&D人员（人）	硕博学位R&D人员比例（%）	女性R&D人员比例（%）
四　川	59 261	70.8	35.8
贵　州	16 265	68.4	43.2
云　南	22 467	67.7	46.1
西　藏	1486	67.8	41.7
陕　西	51 125	78.1	28.4
甘　肃	16 061	72.7	30.8
青　海	1630	68.2	40.2
宁　夏	3890	64.3	46.5
新　疆	9203	73.7	47.0

表3-5　分地区普通高校R&D人员全时当量（2019年）

地区	R&D人员全时当量（人年）	基础研究人员占比（%）	应用研究人员占比（%）	试验发展人员占比（%）	研究人员占R&D人员的比例（%）
北　京	63 119	42.1	54.1	3.8	90.0
天　津	17 267	41.3	46.9	11.8	91.8
河　北	12 885	41.3	55.5	3.2	90.2
山　西	10 435	51.2	40.1	8.6	85.3
内蒙古	4309	34.1	53.3	12.6	94.0
辽　宁	22 849	46.9	48.8	4.3	92.6
吉　林	19 524	62.9	32.3	4.8	88.6
黑龙江	20 744	60.5	35.7	3.8	91.3
上　海	38 725	52.7	41.2	6.2	85.7
江　苏	42 574	47.2	41.8	11.0	95.2
浙　江	26 832	42.8	53.0	4.2	88.6
安　徽	21 066	57.6	39.3	3.1	87.9
福　建	16 127	25.2	70.7	4.1	85.1
江　西	8295	57.3	35.3	7.4	83.7
山　东	30 763	45.7	44.7	9.6	89.7
河　南	13 783	39.7	48.6	11.7	83.1
湖　北	26 431	37.1	49.1	13.8	87.3

地区	R&D人员全时当量（人年）	基础研究人员占比（%）	应用研究人员占比（%）	试验发展人员占比（%）	研究人员占R&D人员的比例（%）
湖　南	23 109	49.6	41.2	9.2	88.0
广　东	36 914	50.4	45.5	4.1	85.5
广　西	13 218	50.1	37.5	12.4	85.2
海　南	1709	41.7	56.3	2.0	85.2
重　庆	12 120	43.1	47.4	9.5	87.3
四　川	27 127	38.4	55.0	6.6	87.2
贵　州	5693	58.3	39.2	2.5	90.6
云　南	9473	63.4	33.6	3.0	85.1
西　藏	510	64.0	33.5	2.6	79.9
陕　西	26 432	50.4	34.3	15.3	93.0
甘　肃	7329	49.5	46.9	3.6	94.0
青　海	664	42.8	53.0	4.2	87.5
宁　夏	1915	56.4	38.8	4.8	80.9
新　疆	3538	59.8	38.2	2.0	88.6

表3-6　分地区普通高校R&D经费内部支出及结构（2019年）

地区	R&D经费内部支出（亿元）	R&D人员人均经费（万元）	基础研究占R&D经费内部支出比例（%）	应用研究占R&D经费内部支出比例（%）	试验发展占R&D经费内部支出比例（%）
北　京	280.8	21.9	36.4	55.8	7.7
天　津	52.5	14.9	31.7	48.0	20.3
河　北	25.4	7.0	42.1	53.7	4.2
山　西	16.0	7.4	52.3	40.6	7.1
内蒙古	7.3	7.2	27.8	58.1	14.2
辽　宁	65.6	14.1	30.7	61.4	7.9
吉　林	28.6	7.0	50.2	41.1	8.7
黑龙江	51.2	14.4	41.4	48.0	10.6
上　海	154.8	22.2	54.1	38.9	7.0
江　苏	155.5	16.4	38.8	46.1	15.1
浙　江	93.0	13.8	43.6	50.3	6.1

续表

地区	R&D经费内部支出（亿元）	R&D人员人均经费（万元）	基础研究占R&D经费内部支出比例（%）	应用研究占R&D经费内部支出比例（%）	试验发展占R&D经费内部支出比例（%）
安 徽	42.7	10.5	52.4	41.8	5.8
福 建	56.3	13.9	35.2	58.2	6.6
江 西	24.6	11.7	57.5	37.6	4.9
山 东	67.6	10.2	38.6	46.8	14.6
河 南	41.2	10.9	34.9	49.7	15.5
湖 北	104.7	18.9	26.8	53.1	20.1
湖 南	66.9	13.0	35.4	49.5	15.1
广 东	185.8	22.3	45.9	46.6	7.5
广 西	23.7	7.2	39.3	26.5	34.3
海 南	2.7	5.5	48.0	48.7	3.2
重 庆	46.2	14.8	41.5	43.8	14.7
四 川	78.6	13.3	31.6	59.6	8.8
贵 州	17.5	10.8	43.9	51.7	4.4
云 南	16.3	7.2	52.3	37.2	10.5
西 藏	0.9	6.1	55.3	41.8	2.9
陕 西	63.0	12.3	39.7	41.4	18.8
甘 肃	14.3	8.9	46.8	50.6	2.7
青 海	2.4	15.0	27.0	70.9	2.0
宁 夏	6.0	15.5	36.1	51.9	12.0
新 疆	4.4	4.8	52.9	44.5	2.6

表3-7　分地区普通高校R&D经费来源结构（2019年）

单位：%

地区	政府资金比例	企业单位资金比例	国外资金比例	其他资金比例
北 京	59.6	27.6	1.5	11.3
天 津	44.5	34.5	0.1	20.9
河 北	56.1	24.2	0.0	19.7
山 西	62.4	22.7	0.0	14.9
内蒙古	73.3	12.4	0.0	14.3

地区	政府资金比例	企业单位资金比例	国外资金比例	其他资金比例
辽　宁	46.3	40.9	0.1	12.8
吉　林	62.9	20.0	0.1	17.0
黑龙江	56.4	32.6	0.0	10.9
上　海	62.9	24.4	0.6	12.2
江　苏	52.2	34.9	0.1	12.8
浙　江	53.8	26.8	0.3	19.0
安　徽	55.2	16.9	0.0	27.8
福　建	68.0	17.8	0.0	14.2
江　西	60.9	24.0	0.0	15.1
山　东	59.1	20.5	0.0	20.4
河　南	52.1	25.3	0.0	22.6
湖　北	57.5	28.6	0.1	13.7
湖　南	59.0	24.2	0.1	16.7
广　东	68.4	17.9	0.1	13.6
广　西	82.2	6.3	0.0	11.5
海　南	50.8	10.3	0.0	38.9
重　庆	50.2	25.8	0.0	24.0
四　川	49.4	34.6	0.1	15.9
贵　州	69.2	13.8	0.0	17.0
云　南	76.2	11.1	0.2	12.6
西　藏	79.2	11.4	0.0	9.4
陕　西	49.0	33.9	0.1	17.0
甘　肃	59.8	23.5	0.0	16.6
青　海	80.0	9.8	0.0	10.2
宁　夏	71.2	12.3	0.0	16.4
新　疆	81.4	14.0	0.0	4.6

表3-8　分地区普通高校R&D课题（2019年）

地区	R&D课题经费（亿元）	平均每项课题经费（万元）
北　京	205.6	17.8
天　津	27.3	9.9
河　北	12.7	4.4
山　西	10.2	5.9
内蒙古	5.7	4.9
辽　宁	48.5	12.1
吉　林	17.5	6.1
黑龙江	35.1	15.6
上　海	101.0	14.6
江　苏	104.2	11.6
浙　江	58.9	7.4
安　徽	27.4	7.6
福　建	27.6	6.3
江　西	17.8	6.6
山　东	42.6	7.0
河　南	23.3	6.7
湖　北	63.7	11.2
湖　南	36.9	7.2
广　东	102.7	11.2
广　西	13.0	4.9
海　南	1.9	3.8
重　庆	23.0	7.0
四　川	57.0	8.5
贵　州	9.0	4.8
云　南	11.9	6.1
西　藏	0.7	5.4
陕　西	52.4	9.1
甘　肃	8.3	6.5
青　海	1.0	8.7
宁　夏	3.6	7.3
新　疆	3.6	4.0

表3-9 按学校规格、隶属分普通高校R&D人员全时当量占比（2010—2019年）

单位：%

院校类型		2010年	2011年	2012年	2013年	2014年	2015年	2016年	2017年	2018年	2019年
按学校规格分	"211工程"院校及省部共建高校	45.8	44.5	42.9	42.8	43.1	42.4	41.2	40.2	45.9	49.8
	其他本科高校	51.4	52.7	54.0	54.3	53.5	53.1	53.9	54.1	47.1	45.8
	高等专科学校	2.8	2.7	3.0	2.9	3.4	4.5	4.9	5.6	7.0	4.3
按学校隶属分	部委院校	5.7	5.4	5.6	5.4	5.2	5.1	5.0	4.2	4.8	7.0
	教育部直属院校	33.0	32.9	30.5	30.7	31.4	31.1	30.1	30.2	32.7	36.8
	地方院校	61.3	61.7	63.9	63.9	63.4	63.9	64.9	65.6	62.5	56.2

注：仅包括设有理工农医类教学专业的高校。

表3-10 按学校规格、隶属与类型分普通高校科技经费来源结构（2019年）

单位：%

院校类型		政府资金比例	企事业单位资金比例	其他资金比例
按学校规格分	"211工程"院校及省部共建高等学校	67.7	28.1	4.3
	其他本科高等学校	60.4	23.2	16.4
	高等专科学校	42.5	28.4	29.1
按学校隶属分	部委院校	67.4	29.4	3.2
	教育部直属院校	67.6	28.5	3.9
	地方院校	61.0	23.3	15.7
按学校类型分	综合大学	70.0	21.9	8.2
	理工院校	57.5	35.2	7.3
	农林院校	80.3	12.9	6.8
	医药院校	75.0	7.1	17.9
	师范院校	63.0	18.7	18.3
	其他	63.8	16.2	20.0

注：仅包括设有理工农医类教学专业的高校。

表3-11　按学校规格、隶属与类型分普通高校R&D经费支出结构（2019年）

单位：%

院校类型		基础研究比例	应用研究比例	试验发展比例
按学校规格分	"211工程"院校及省部共建高等学校	41.0	46.7	12.4
	其他本科高等学校	34.7	53.1	12.2
	高等专科学校	11.9	73.8	14.3
按学校隶属分	部委院校	28.1	58.8	13.1
	教育部直属院校	43.7	44.2	12.1
	地方院校	36.0	51.6	12.4
按学校类型分	综合大学	48.3	40.2	11.5
	理工院校	30.0	55.4	14.6
	农林院校	36.4	57.4	6.2
	医药院校	53.0	39.2	7.8
	师范院校	52.0	38.7	9.4
	其他	32.0	63.7	4.3

注：仅包括设有理工农医类教学专业的高校。

表3-12　部分国家高校R&D人员、研究人员全时当量及占比（2019年）

国家	高校R&D人员全时当量（万人年）	高校R&D人员全时当量占本国R&D人员全时当量的比重（%）	高校研究人员占高校R&D人员全时当量的比重（%）
中　国	56.55	11.8	88.9
日　本	21.16	23.4	64.0
英　国	19.18	39.5	90.0
德　国	15.12	20.6	77.6
法　国	11.99	25.9	69.1
俄罗斯	11.67	15.5	70.9
韩　国	7.17	13.6	57.7
荷　兰	3.51	21.9	66.4
比利时	2.66	27.7	78.6
丹　麦	2.20	36.3	75.5
瑞　典	2.11	23.1	86.3
奥地利	1.96	23.3	76.0
芬　兰	1.70	33.0	78.8

注：高校R&D人员全时当量来源于OECD统计数据，其他指标数据根据OECD统计数据计算得到。

表3-13　部分国家高校R&D经费及占本国R&D经费的比重

国家	高校R&D经费（亿美元）	高校R&D经费占本国R&D经费的比重（%）
美　国（2019年）	787.17	12.33
中　国（2019年）	260.38	8.11
日　本（2019年）	196.62	11.69
德　国（2018年）	157.21	17.58
英　国（2018年）	109.79	23.58
加拿大（2019年）	109.31	41.21
法　国（2018年）	89.87	20.48
韩　国（2019年）	62.46	8.28
意大利（2018年）	48.96	22.84
瑞　典（2018年）	46.71	25.32
丹　麦（2018年）	34.98	32.43
西班牙（2018年）	33.41	26.40
奥地利（2018年）	23.27	22.44
俄罗斯（2019年）	16.72	10.63
芬　兰（2018年）	13.75	25.22

注：高校R&D经费根据OECD统计的R&D经费和世界银行、欧洲中央银行的汇率数据计算得到。高校R&D经费占本国R&D经费的比重来源于OECD统计数据。

表3-14　部分国家高校按活动类型分R&D经费占比

单位：%

国家	基础研究占比	应用研究占比	试验发展占比
法　国（2018年）	66.96	27.33	5.71
美　国（2019年）	62.62	28.06	9.32
意大利（2018年）	56.06	33.77	10.17
日　本（2019年）	54.81	36.10	9.09
西班牙（2018年）	49.13	37.95	12.92
新加坡（2018年）	44.74	37.60	17.66
澳大利亚（2018年）	40.60	48.40	11.00
中　国（2019年）	40.20	48.94	10.86
韩　国（2019年）	39.85	29.39	30.76

续表

国家	基础研究占比	应用研究占比	试验发展占比
墨西哥（2019年）	38.00	36.10	25.90
英　国（2018年）	33.26	52.05	14.69

注：数据根据OECD统计数据计算得到。

表3-15　部分国家高校R&D经费占GDP比例（2010—2019年）

单位：%

国家	2010年	2011年	2012年	2013年	2014年	2015年	2016年	2017年	2018年	2019年
瑞　典	0.83	0.84	0.88	0.89	0.90	0.86	0.87	0.84	0.84	0.81
奥地利	0.70	0.68	0.72	0.72	0.73	0.72	0.69	0.69	0.71	0.72
芬　兰	0.76	0.72	0.73	0.70	0.72	0.70	0.68	0.69	0.69	0.71
澳大利亚	0.58	0.59	0.63	0.62	0.62	0.57	0.62	0.61	0.62	—
荷　兰	0.69	0.61	0.61	0.62	0.63	0.64	0.61	0.61	0.59	0.58
德　国	0.50	0.50	0.51	0.51	0.51	0.51	0.53	0.53	0.55	0.55
法　国	0.47	0.46	0.46	0.47	0.50	0.50	0.46	0.46	0.45	0.45
英　国	0.44	0.43	0.42	0.43	0.42	0.42	0.40	0.40	0.41	0.41
美　国	0.40	0.40	0.38	0.37	0.36	0.35	0.36	0.36	0.36	—
日　本	0.40	0.43	0.43	0.45	0.43	0.40	0.39	0.39	0.38	0.38
韩　国	0.36	0.36	0.37	0.37	0.37	0.36	0.36	0.36	0.37	0.38
中　国	0.14	0.14	0.14	0.14	0.14	0.14	0.14	0.15	0.16	0.18
俄罗斯	0.09	0.09	0.10	0.09	0.10	0.11	0.10	0.10	0.10	0.11

注：数据来源于OECD统计数据。

四、科技成果及转化

监测结果显示，2019年，中国普通高校发表科技论文29.7万篇，占全国发表科技论文总数的66.3%。发表SCI论文38.7万篇，占全国发表SCI论文总数的85.9%。2019年，我国普通高校申请专利43.1万件，占全国专利申请总数的9.8%；高校专利授权25.9万件，占全国专利授权总数的8.4%。其中，高校发明专利申请数占高校专利申请总数的56.8%，占全国发明专利申请数的17.5%；高校发明专利授权数占高校专利授权总数的41.9%，占全国发明专利授权总数的20.1%。普通高校签订技术市场成交合同10.2万项，占全国技术市场成交合同总数的21.1%；技术市场成交合同金额592.9亿元，占全国技术市场成交合同金额的2.6%。专利所有权转让及许可9330项，专利所有权转让及许可收入15.6亿元。

表4-1 普通高校创新成果及转化情况（2010—2019年）

指标	2010年	2011年	2012年	2013年	2014年	2015年	2016年	2017年	2018年	2019年
4.1 科技论文数量（万篇）	34.3	33.6	33.7	33.1	32.1	31.9	32.0	31.2	30.1	29.7
4.2 科技论文数量占全国的比例（%）	64.6	63.4	64.4	64.0	64.4	64.6	64.8	66.0	66.3	66.3
4.3 SCI论文数量（万篇）	10.1	11.3	13.1	16.1	19.5	22.0	24.1	27.3	32.0	38.7
4.4 SCI论文数量占全国的比例（%）	82.9	83.2	82.8	83.7	83.0	82.8	83.1	84.4	85.1	85.9
4.5 专利申请数量（万件）	7.9	11.0	13.3	16.8	18.4	23.5	31.5	33.6	40.7	43.1
4.6 专利申请数量占全国的比例（%）	7.2	7.3	6.9	7.5	8.3	8.9	9.5	9.5	9.8	9.8
4.7 发明专利申请数量占全国的比例（%）	16.5	15.2	14.1	14.0	14.0	13.8	14.4	14.4	16.3	17.5

指标	2010年	2011年	2012年	2013年	2014年	2015年	2016年	2017年	2018年	2019年
4.8发明专利申请数量占专利申请数的比例（%）	60.9	57.2	57.1	58.8	60.9	56.8	55.0	53.5	55.6	56.8
4.9专利授权数量（万件）	4.3	5.6	7.7	8.5	9.2	13.6	15.0	17.0	19.4	25.9
4.10专利授权数量占全国的比例（%）	5.8	6.4	6.6	6.9	7.6	8.5	9.2	9.9	8.3	8.4
4.11发明专利授权数量占全国的比例（%）	23.9	23.7	23.5	23.2	23.6	21.7	20.6	23.1	21.6	20.1
4.12发明专利授权数量占专利授权的比例（%）	44.1	47.1	43.8	39.2	41.4	42.0	41.6	44.4	38.6	41.9
4.13技术市场成交合同数量（万项）	4.2	5.0	5.8	6.4	5.4	5.7	6.0	7.0	7.6	10.2
4.14技术市场成交合同数量占全国的比例（%）	18.4	19.4	20.5	21.8	18.3	18.6	18.7	19.0	18.5	21.1
4.15技术市场成交合同金额（亿元）	196.7	248.8	294.0	329.5	315.1	314.3	360.0	355.8	453.2	592.9
4.16技术市场成交合同金额占全国的比例（%）	5.0	5.2	4.6	4.4	3.7	3.2	3.2	2.7	2.6	2.6
4.17专利所有权转让及许可（项）	1810	2203	2380	2344	2293	2786	4839	5942	6265	9330
4.18专利所有权转让及许可收入（亿元）	3.6	4.7	4.4	4.4	5.4	6.7	12.2	19.6	19.0	15.6
4.19企业委托R&D课题数（万项）	12.3	13.9	14.9	15.8	17.0	18.0	19.1	20.7	23.9	28.6
4.20企业委托R&D课题经费（亿元）	157.4	247.7	208.4	230.1	245.5	244.5	247.0	274.1	302.5	352.8
4.21参与企业委托R&D课题人员数量（万人年）	5.6	5.9	6.1	6.1	6.4	6.5	6.9	7.1	8.0	12.3

表4-2 分地区普通高校科技创新产出（2019年）

地区	发表科技论文数（篇）	专利申请数（件）	有效发明专利数（件）	形成国家或行业标准数（项）	专利所有权转让与许可数（件）	专利所有权转让与许可收入（万元）
北 京	131 118	19 848	59 498	143	402	8902
天 津	35 702	9666	12 388	3	165	1002
河 北	35 323	6074	4769	17	155	847
山 西	23 319	3822	4748	—	154	688
内蒙古	13 071	1502	1135	8	2	545
辽 宁	55 286	12 115	14 267	8	279	10 811
吉 林	35 716	6173	6202	1	56	980
黑龙江	45 220	9081	17 013	3	212	1581
上 海	97 943	14 235	25 991	28	409	15 304
江 苏	141 247	48 844	55 199	37	2636	21 394
浙 江	57 773	23 356	33 047	54	953	10 387
安 徽	41 199	15 211	10 262	37	303	1224
福 建	29 689	9347	9694	—	156	1856
江 西	25 726	7408	3099	9	100	1243
山 东	75 357	17 847	23 091	38	450	15 667
河 南	50 235	12 824	9975	45	323	2142
湖 北	80 071	18 475	21 243	288	500	5554
湖 南	61 623	15 843	13 352	86	223	7180
广 东	106 172	27 042	20 938	69	379	14 958
广 西	24 973	5944	6703	3	108	1274
海 南	5577	541	374	—	5	177
重 庆	38 089	6920	11 621	8	236	6011
四 川	76 144	15 546	15 684	12	479	12 303
贵 州	19 806	4412	1845	11	64	162
云 南	24 454	3848	4419	11	47	109
西 藏	1165	62	28	—	—	—
陕 西	77 050	18 665	24 457	17	453	12 234
甘 肃	17 701	3196	1663	2	63	1323
青 海	3046	562	134	—	1	3

续表

地区	发表科技论文数（篇）	专利申请数（件）	有效发明专利数（件）	形成国家或行业标准数（项）	专利所有权转让与许可数（件）	专利所有权转让与许可收入（万元）
宁　夏	5920	646	158	—	16	122
新　疆	11 621	1630	1035	3	1	10

表4-3　不同规格、隶属与类型学校在普通高校科技成果中的占比（2019年）

单位：%

院校类型		发表学术论文	发表国际论文	专利申请	发明专利申请	专利授权	发明专利授权
按学校规格分	"211工程"院校及省部共建高等学校	49.7	65.1	39.2	51.3	37.5	59.0
	其他本科高等学校	44.3	34.3	49.0	44.0	49.1	38.4
	高等专科学校	6.0	0.6	11.8	4.7	13.4	2.6
按学校隶属分	部委院校	7.8	9.0	5.5	7.9	4.7	8.4
	教育部直属院校	35.5	48.5	27.6	36.5	26.8	43.3
	地方院校	56.7	42.5	66.9	55.6	68.5	48.2
按学校类型分	综合大学	32.2	39.4	28.9	29.4	29.5	31.4
	理工院校	39.5	39.1	52.8	56.6	50.1	56.1
	农林院校	5.7	5.2	5.7	4.7	6.7	4.3
	医药院校	15.0	8.7	4.2	2.7	5.1	2.4
	师范院校	6.1	6.6	6.6	5.4	6.5	4.7
	其他	1.5	1.0	1.9	1.2	2.2	1.0

注：仅包括设有理工农医类教学专业的高校。

表4-4　不同规格、隶属与类型学校在普通高校技术成果转让中的占比（2019年）

单位：%

院校类型		专利出售合同数	专利出售合同金额	专利出售当年实际收入	技术转让合同数	技术转让合同金额	技术转让当年实际收入
按学校规格分	"211工程"院校及省部共建高等学校	32.9	68.8	67.6	31.3	64.2	55.7
	其他本科高等学校	59.3	30.3	31.3	61.3	35.0	43.1
	高等专科学校	7.9	0.8	1.1	7.4	0.8	1.1

	院校类型	专利出售合同数	专利出售合同金额	专利出售当年实际收入	技术转让合同数	技术转让合同金额	技术转让当年实际收入
按学校隶属分	部委院校	4.0	15.9	11.9	4.8	12.2	10.4
	教育部直属院校	21.8	48.1	51.5	19.1	45.9	38.4
	地方院校	74.1	36.1	36.6	76.1	41.9	51.2
按学校类型分	综合大学	27.1	54.6	40.2	23.8	46.2	28.5
	理工院校	57.3	28.6	43.8	59.3	39.7	55.8
	农林院校	3.9	3.4	2.9	4.4	3.3	4.4
	医药院校	2.2	10.6	7.7	3.2	7.6	5.9
	师范院校	7.2	2.3	4.3	7.5	2.6	4.6
	其他	2.2	0.5	1.2	1.8	0.5	0.7

注：仅包括设有理工农医类教学专业的高校。

表4-5　国内外部分高水平院校校均科研产出数量比较（2010—2019年）

单位：篇

院校类型	2010年	2011年	2012年	2013年	2014年	2015年	2016年	2017年	2018年	2019年
双一流大学A	2921.4	3195.8	3520.8	3953.6	4325.3	4602.6	4891.9	5277.1	5875.7	6652.5
双一流大学B	1289.2	1422.0	1506.6	1862.8	2055.6	2279.0	2552.6	2721.6	3287.6	4036.0
双一流学科	665.2	743.4	838.7	986.7	1111.9	1190.5	1315.7	1473.5	1690.1	1958.1
"985工程"院校	2266.2	2498.6	2781.0	3119.5	3434.1	3675.0	3935.7	4292.0	4858.7	5566.1
"211工程"院校	732.7	821.3	924.0	1088.6	1224.2	1315.9	1444.6	1584.4	1813.4	2116.4
中国"C9"院校	5068.4	5499.1	5962.0	6752.2	7373.9	7834.1	8331.3	8888.0	9778.2	10 953.8
澳大利亚Go8院校	3368.9	3770.1	4115.3	4597.3	4944.4	5133.6	5357.6	5504.5	5864.6	6183.3
美国常青藤联盟院校	5648.8	6182.3	6573.8	6860.9	7191.0	7267.4	7513.9	7690.8	7997.4	8189.6

注：数据来源于Elsevier公司的SciVal科研评价和分析平台，所选择的产出类型为研究论文和综述。该表中，"985工程"院校是除"C9"院校之外的"985工程"院校，"211工程"院校是除"985工程"院校之外的70所"211工程"院校（有3所缺失数据）。"双一流大学A"为36所双一流建设A类大学，"双一流大学B"为5所双一流建设B类大学（有1所缺失数据），"双一流学科"为91所双一流学科建设大学（有3所两地办学高校在SciVal中有6所高校数据，另有7所缺失数据）。

表4-6　国内外部分高水平院校科研产出学术影响力比较（2010—2019年）

院校类型	2010年	2011年	2012年	2013年	2014年	2015年	2016年	2017年	2018年	2019年
双一流大学A	0.88	0.94	1.02	1.05	1.09	1.15	1.2	1.26	1.31	1.33
双一流大学B	0.69	0.74	0.79	0.83	0.93	1.02	1.08	1.2	1.36	1.45
双一流学科	0.77	0.85	0.87	0.88	0.94	1.01	1.05	1.13	1.19	1.22
"985工程"院校	0.8	0.86	0.93	0.97	1.03	1.11	1.17	1.24	1.32	1.34
"211工程"院校	0.74	0.8	0.84	0.85	0.92	1.01	1.05	1.12	1.21	1.25
中国"C9"院校	1.02	1.09	1.19	1.21	1.23	1.28	1.32	1.37	1.38	1.39
澳大利亚Go8院校	1.64	1.67	1.78	1.72	1.74	1.8	1.83	1.79	1.74	1.71
美国常青藤联盟院校	2.24	2.23	2.27	2.17	2.22	2.2	2.17	2.07	1.98	1.97

注：数据来源于Elsevier公司的SciVal科研评价和分析平台，所选择的产出类型为研究论文和综述。该表中，"985工程"院校是除"C9"院校之外的"985工程"院校，"211工程"院校是除"985工程"院校之外的70所"211工程"院校（有3所缺失数据）。"双一流大学A"为36所双一流建设A类大学，"双一流大学B"为5所双一流建设B类大学（有1所缺失数据），"双一流学科"为91所双一流学科建设大学（有3所两地办学高校在SciVal中有6所高校数据，另有7所缺失数据）。

表4-7　国内外部分高水平院校校企合作科研产出数量比较（2010—2019年）

单位：篇

院校类型	2010年	2011年	2012年	2013年	2014年	2015年	2016年	2017年	2018年	2019年
双一流大学A	53.7	62.3	69.9	81.7	96.0	107.4	123.7	136.6	155.3	169.9
双一流大学B	26.0	24.2	29.2	30.4	33.8	34.6	40.0	42.6	66.0	75.6
双一流学科	16.7	18.6	21.8	27.0	30.5	35.1	37.5	41.8	48.2	54.0
"985工程"院校	37.7	43.6	51.4	57.6	68.5	80.5	94.5	107.1	125.2	140.2
"211工程"院校	19.1	21.1	24.2	30.1	33.5	39.0	41.9	46.1	53.4	57.8
中国"C9"院校	107.8	121.9	131.7	160.4	187.6	196.6	221.3	237.7	268.0	284.7
澳大利亚Go8院校	87.3	101.8	121.0	129.4	150.5	168.3	174.9	188.0	204.1	206.5
美国常青藤联盟院校	311.8	345.3	353.5	365.3	406.9	426.0	436.3	456.6	469.9	466.6

注：数据来源于Elsevier公司的SciVal科研评价和分析平台，所选择的产出类型为研究论文和综述。该表中，"985工程"院校是除"C9"院校之外的"985工程"院校，"211工程"院校是除"985工程"院校之外的70所"211工程"院校（有3所缺失数据）。"双一流大学A"为36所双一流建设A类大学，"双一流大学B"为5所双一流建设B类大学（有1所缺失数据），"双一流学科"为91所双一流学科建设大学（有3所两地办学高校在SciVal中有6所高校数据，另有7所缺失数据）。

表4-8　国内外部分高水平院校校企合作产出占总产出的比例（2010—2019年）

单位：%

院校类型	2010年	2011年	2012年	2013年	2014年	2015年	2016年	2017年	2018年	2019年
双一流大学A	1.8	1.9	2	2.1	2.2	2.3	2.5	2.6	2.6	2.6
双一流大学B	2	1.7	1.9	1.6	1.6	1.5	1.6	1.6	2	1.9
双一流学科	2.5	2.5	2.6	2.7	2.7	3	2.9	2.8	2.9	2.8
"985工程"院校	1.7	1.7	1.8	1.8	2	2.2	2.4	2.5	2.6	2.5
"211工程"院校	2.6	2.6	2.6	2.8	2.7	3	2.9	2.9	2.9	2.7
中国"C9"院校	2.1	2.2	2.2	2.4	2.5	2.5	2.7	2.7	2.7	2.6
澳大利亚Go8院校	2.6	2.7	2.9	2.8	3	3.3	3.3	3.4	3.5	3.3
美国常青藤联盟院校	5.5	5.6	5.4	5.3	5.7	5.9	5.8	5.9	5.9	5.7

注：数据来源于Elsevier公司的SciVal科研评价和分析平台，所选择的产出类型为研究论文和综述。该表中，"985工程"院校是除"C9"院校之外的"985工程"院校，"211工程"院校是除"985工程"院校之外的70所"211工程"院校（有3所缺失数据）。"双一流大学A"为36所双一流建设A类大学，"双一流大学B"为5所双一流建设B类大学（有1所缺失数据），"双一流学科"为91所双一流学科建设大学（有3所两地办学高校在SciVal中有6所高校数据，另有7所缺失数据）。

五、国际交流与合作

监测结果显示，2019年，中国普通高校与境外合作的R&D课题数为13 006项，占高等学校R&D课题总数的1.1%；与境外合作的R&D课题人员投入数为8814人年，占高等学校R&D课题投入人员的1.6%；与境外合作的R&D课题经费投入为23.4亿元，占高等学校R&D课题经费投入的2.0%。2019年，设有理工农医类教学专业的高校开展国际合作研究派遣4.9万人次，接受4.2万人次；主办国际会议2553次，出席国际学术会议22.7万人次，在国际学术会议上交流论文11.0万篇，发表特邀报告2.5万篇。

表5-1　普通高校国际科技合作与交流情况（2010—2019年）

指标	2010年	2011年	2012年	2013年	2014年	2015年	2016年	2017年	2018年	2019年
5.1 与境外合作的R&D课题数（项）	3053	4527	3070	3138	3993	3319	4305	4012	3592	13 006
5.2 与境外合作的R&D课题数占比（%）	0.6	0.7	0.5	0.4	0.5	0.4	0.5	0.4	0.3	1.1
5.3 与境外合作的R&D课题人员投入数（人年）	2094	3212	1840	1638	2062	1514	1883	1968	1477	8814
5.4 与境外合作的R&D课题人员投入占比（%）	0.7	1.1	0.6	0.5	0.6	0.4	0.5	0.5	0.3	1.6
5.5 与境外合作的R&D课题经费投入数（亿元）	8.1	0.4	6.7	5.9	7.8	5.9	7.6	7.5	7.9	23.4

指标	2010年	2011年	2012年	2013年	2014年	2015年	2016年	2017年	2018年	2019年
5.6 与境外合作的R&D课题经费投入占比（%）	1.7	0.1	1.1	0.9	1.1	0.8	1.0	0.9	0.8	2.0
5.7 国际合作研究派遣（人次）*	35 005	37 112	41 500	39 768	40 975	44 170	44 992	45 888	47 029	48 754
5.8 国际合作研究接受（人次）*	33 051	34 260	37 213	36 769	37 778	37 551	37 281	39 375	43 433	41 820
5.9 国际学术会议出席人员（人次）*	121 174	125 203	144 492	156 054	159 840	163 893	166 488	187 107	202 413	227 089
5.10 国际学术会议交流论文（篇）*	76 189	88 131	98 656	94 616	97 267	93 464	93 768	98 793	99 026	110 067
5.11 国际学术会议特邀报告（篇）*	12 697	14 032	15 305	16 300	17 851	18 748	19 603	21 641	22 843	24 801
5.12 国际学术会议主办（次）*	2229	2138	2539	2516	2437	2291	2290	2145	2250	2553

* 仅包括设有理工农医类教学专业的高校。

表5-2　分地区普通高校国际科技交流情况（2019年）

地区	合作研究		国际学术会议			
	派遣（人数）	接受（人数）	出席人员（人次）	交流论文（篇）	特邀报告（篇）	主办（次）
北　京	4981	4354	38 215	20 452	5140	329
天　津	963	765	3570	2214	553	76
河　北	890	398	2621	1555	262	32
山　西	1502	421	1585	691	120	11
内蒙古	37	10	451	353	37	4
辽　宁	1630	1267	9613	4052	761	100
吉　林	812	654	3768	1703	393	36
黑龙江	2608	1383	4515	3402	627	98
上　海	4625	6294	27 492	10 831	3325	301
江　苏	5220	4877	18 158	14 514	2481	210
浙　江	1036	1187	9869	4193	1134	151

续表

地区	合作研究		国际学术会议			
	派遣 （人数）	接受 （人数）	出席人员 （人次）	交流论文 （篇）	特邀报告 （篇）	主办 （次）
安　徽	1932	1536	7592	3283	961	57
福　建	1100	944	5373	1832	480	103
江　西	1490	796	2846	1670	312	15
山　东	3813	2851	8446	4815	802	112
河　南	1183	604	2922	2196	312	39
湖　北	1331	1283	13 944	7453	1349	111
湖　南	2210	2387	8594	3970	787	75
广　东	3238	1960	16 127	6176	1399	241
广　西	514	305	3488	722	188	46
海　南	66	67	1646	137	27	20
重　庆	732	590	3114	1426	314	37
四　川	3394	4310	14 566	5096	1127	98
贵　州	220	72	851	403	92	7
云　南	629	452	4243	636	207	46
西　藏	180	55	35	28	3	0
陕　西	1282	1062	9556	5225	1182	168
甘　肃	423	407	2567	626	346	25
青　海	228	101	102	33	15	1
宁　夏	238	327	652	98	34	4
新　疆	247	101	568	282	31	0

注：仅包括设有理工农医类教学专业的高校。

表5-3　国内外部分高水平院校国际合作校均科研产出数量比较（2010—2019年）

单位：篇

院校类型	2010年	2011年	2012年	2013年	2014年	2015年	2016年	2017年	2018年	2019年
双一流大学A	531.8	629.3	720.3	847.1	970.1	1091.6	1222.1	1383.6	1601.7	1827.1
双一流大学B	187.4	231.6	255.6	330.0	377.6	481.4	542.6	615.4	807.8	1001.8
双一流学科	93.8	113.4	130.5	163.8	197.7	234.3	278.8	329.6	405.2	481.8
"985工程"院校	378.7	443.4	518.3	607.8	709.6	815.1	931.7	1075.7	1271.9	1485.6

院校类型	2010年	2011年	2012年	2013年	2014年	2015年	2016年	2017年	2018年	2019年
"211工程"院校	102.7	125.4	143.9	181.3	218.2	263.2	309.7	358.0	440.5	520.4
中国"C9"院校	1048.1	1263.7	1417.2	1681.8	1893.9	2105.9	2323.0	2582.0	2939.2	3266.0
澳大利亚Go8院校	1482.0	1713.5	1909.4	2210.1	2439.3	2663.4	2871.8	3070.3	3353.0	3635.5
美国常青藤联盟院校	1918.8	2186.5	2452.4	2625.8	2832.0	2969.4	3172.1	3344.1	3533.3	3687.1

注：数据来源于Elsevier公司的SciVal科研评价和分析平台，所选择的产出类型为研究论文和综述。该表中，"985工程"院校是除"C9"院校之外的"985工程"院校，"211工程"院校是除"985工程"院校之外的70所"211工程"院校（有3所缺失数据）。"双一流大学A"为36所双一流建设A类大学，"双一流大学B"为5所双一流建设B类大学（有1所缺失数据），"双一流学科"为91所双一流学科建设大学（有3所两地办学高校在SciVal中有6所高校数据，另有7所缺失数据）。

表5-4　国内外部分高水平院校国际合作的产出占总产出的比例（2010—2019年）

单位：%

院校类型	2010年	2011年	2012年	2013年	2014年	2015年	2016年	2017年	2018年	2019年
双一流大学A	18.2	19.7	20.5	21.4	22.4	23.7	25	26.2	27.3	27.5
双一流大学B	14.5	16.3	17	17.7	18.4	21.1	21.3	22.6	24.6	24.8
双一流学科	14.1	15.3	15.6	16.6	17.8	19.7	21.2	22.4	24	24.6
"985工程"院校	16.7	17.7	18.6	19.5	20.7	22.2	23.7	25.1	26.2	26.7
"211工程"院校	14	15.3	15.6	16.7	17.8	20	21.4	22.6	24.3	24.6
中国"C9"院校	20.7	23	23.8	24.9	25.7	26.9	27.9	29.1	30.1	29.8
澳大利亚Go8院校	44	45.4	46.4	48.1	49.3	51.9	53.6	55.8	57.2	58.8
美国常青藤联盟院校	34	35.4	37.3	38.3	39.4	40.9	42.2	43.5	44.2	45

注：数据来源于Elsevier公司的SciVal科研评价和分析平台，所选择的产出类型为研究论文和综述。该表中，"985工程"院校是除"C9"院校之外的"985工程"院校，"211工程"院校是除"985工程"院校之外的70所"211工程"院校（有3所缺失数据）。"双一流大学A"为36所双一流建设A类大学，"双一流大学B"为5所双一流建设B类大学（有1所缺失数据），"双一流学科"为91所双一流学科建设大学（有3所两地办学高校在SciVal中有6所高校数据，另有7所缺失数据）。

中国普通高校创新能力监测报告2021

调查篇 下篇

六、高校产学研合作创新

监测结果显示，截至2019年，参与调研的2186所普通高校学生去企业就业的专科毕业生215.3万人，去企业就业的本科毕业生198.2万人，去企业就业的硕士毕业生26.0万人，去企业就业的博士毕业生0.9万人。学校与企业联合共建校内实习实训实践基地44 062个、校外实习实训实践基地299 500个、创新创业基地28 378个。学校与企业合作编写教材36 987册，合作开发课程78 646门。学校开设创业课程32 622门，设立在校生创业项目（正式立项或注册）84 178项，获得国家级大学生创新创业训练计划立项项目41 139项。企业为学生设立的奖学金金额达21.12亿元。

截至2019年，参与调研的高校具有累计2年以上企业工作经验的专任教师为19.1万人，学校派去企业实践锻炼累计3个月及以上的专任教师为9.5万人。参与调研的高校拥有外聘兼职教师（校聘）43.5万人，其中，来自企业、行业的教师占60.3%，来自境外的教师占5.0%。企业、行业外聘兼职教师授课的课时总数达2181.1万课时，专任教师参与企业技术咨询和技术服务为94.1万人次，学校承接企业员工培训965.6万人次，其中，为第二产业培训企业员工347.1万人次，为第三产业培训企业员工550.5万人次。

截至2019年，参与调研的高校与企业合作申报获得纵向科研项目[①]立项17 832项，立项金额187.06亿元，当年实际收入133.24亿元。参与调研的高校拥有与企业共建研发机构（包括实验室、研究中心等）17 672个，与企业共同发表科技论文59 264篇，与企业共同获得发明专利授权10 298件。参与调研的高校参与国家产业技术创新战略联盟879个，参与省级产业技术创新战略联盟2534个。参与调研的高校获得

[①] 纵向科研项目是指上级科技主管部门、各级政府（或机构）批准立项的各类计划（规划）、基金项目。

133 010个企业委托的科研项目18.1万项，合同金额641.43亿元，当年实际收入448.05亿元。有14.3万教师承担了企业委托科研项目。

截至2019年，参与调研的高校专门设置技术转化机构数1906个，拥有专职工作人员8559人、兼职工作人员14 497人。参与调研的高校设置专门的技术成果转化网站964个。高校拥有依托本单位科技成果成立的企业4864个，本年以本单位知识产权作价投资形式注册的企业450个，本年以本单位知识产权作价投资合计折价金额87.75亿元。

（一）创新人才培养情况

1. 去企业就业的毕业生情况

表6-1　不同类型普通高校学生去企业就业的毕业生情况

单位：人

高校类型	2019年				2018年			
	去企业就业专科毕业生人数	去企业就业本科毕业生人数	去企业就业硕士毕业生人数	去企业就业博士毕业生人数	去企业就业专科毕业生人数	去企业就业本科毕业生人数	去企业就业硕士毕业生人数	去企业就业博士毕业生人数
综合大学	635 503	540 130	79 986	3494	655 243	580 636	82 254	3430
理工院校	997 702	740 233	120 434	4574	1 110 706	746 839	108 246	7208
农业院校	72 550	81 296	12 744	287	82 003	93 676	12 689	287
林业院校	18 164	12 634	2990	26	18 435	17 023	2321	35
医药院校	95 745	51 036	5123	174	78 732	53 474	3744	286
师范院校	52 044	234 630	13 084	122	75 132	258 612	14 610	92
语文院校	16 257	36 048	3647	83	34 408	39 869	3535	67
财经院校	213 206	213 271	14 845	127	241 419	233 630	14 844	92
政法院校	14 492	11 621	2601	18	16 750	13 042	3392	52
体育院校	4159	10 321	710	5	6031	10 374	619	3
艺术院校	31 351	28 748	1400	14	31 805	23 817	1503	22
民族院校	2178	22 524	2201	14	3235	26 066	2992	205
总计	2 153 351	1 982 492	259 765	8938	2 353 899	2 097 058	250 749	11 779

表6-2 不同规格普通高校学生去企业就业的毕业生情况

单位：人

高校规格	2019年				2018年			
	去企业就业专科毕业生人数	去企业就业本科毕业生人数	去企业就业硕士毕业生人数	去企业就业博士毕业生人数	去企业就业专科毕业生人数	去企业就业本科毕业生人数	去企业就业硕士毕业生人数	去企业就业博士毕业生人数
本科	314 977	1 979 557	259 765	8938	364 148	2 090 149	250 749	11 777
其中：独立学院	14 620	303 561	14	0	21 030	329 238	14	0
专科	1 838 374	2935	0	0	1 989 751	6909	0	2
总计	2 153 351	1 982 492	259 765	8938	2 353 899	2 097 058	250 749	11 779

表6-3 不同隶属普通高校学生去企业就业的毕业生情况

单位：人

高校隶属	2019年				2018年			
	去企业就业专科毕业生人数	去企业就业本科毕业生人数	去企业就业硕士毕业生人数	去企业就业博士毕业生人数	去企业就业专科毕业生人数	去企业就业本科毕业生人数	去企业就业硕士毕业生人数	去企业就业博士毕业生人数
中央	9450	135 657	133 146	7916	11 409	146 612	124 224	10 583
教育部	533	98 195	112 165	6222	979	106 724	107 213	9245
其他部门	8917	37 462	20 981	1694	10 430	39 888	17 011	1338
地方	1 687 176	1 244 020	126 415	1022	1 825 606	1 345 287	126 422	1196
教育部门	983 947	1 173 337	124 942	986	1 039 463	1 270 929	124 761	1152
其他部门	643 920	68 732	1001	1	728 741	72 471	1109	5
具有法人资格的中外合作办学	1	1951	472	35	53	1853	552	39
地方企业	59 308	0	0	0	57 349	34	0	0
民办	456 725	602 815	204	0	516 884	605 159	103	0
总计	2 153 351	1 982 492	259 765	8938	2 353 899	2 097 058	250 749	11 779

表6-4 按"双一流"建设项目分普通高校学生去企业就业的毕业生情况

单位：人

高校分类	2019年				2018年			
	去企业就业专科毕业生人数	去企业就业本科毕业生人数	去企业就业硕士毕业生人数	去企业就业博士毕业生人数	去企业就业专科毕业生人数	去企业就业本科毕业生人数	去企业就业硕士毕业生人数	去企业就业博士毕业生人数
"世界一流大学"建设高校	333	58 958	83 052	6082	754	66 723	76 423	8948
"世界一流学科"建设高校	2377	137 851	76 144	2187	2877	89 074	45 856	1485
其他高校	2 150 641	1 785 683	100 569	669	2 350 268	1 941 261	128 470	1346
总计	2 153 351	1 982 492	259 765	8938	2 353 899	2 097 058	250 749	11 779

表6-5 不同地区普通高校学生去企业就业的毕业生情况

单位：人

地区	2019年				2018年			
	去企业就业专科毕业生人数	去企业就业本科毕业生人数	去企业就业硕士毕业生人数	去企业就业博士毕业生人数	去企业就业专科毕业生人数	去企业就业本科毕业生人数	去企业就业硕士毕业生人数	去企业就业博士毕业生人数
北 京	12 864	27 397	27 066	2085	12 472	30 447	24 601	1992
天 津	44 525	36 833	7906	233	38 505	36 836	7911	324
河 北	105 762	64 874	4766	93	111 063	77 883	4414	27
山 西	10 474	18 833	2481	11	26 540	19 173	2358	8
内蒙古	44 143	30 702	1894	2	45 260	28 998	1995	1
辽 宁	66 318	89 358	15 264	251	47 907	88 135	13 633	341
吉 林	35 425	52 741	6033	113	33 368	58 353	6654	292
黑龙江	37 630	68 175	9755	805	41 235	66 295	8294	577
上 海	36 893	44 418	24 409	1138	39 417	49 897	22 423	1129
江 苏	136 804	172 903	27 226	1212	136 012	162 702	25 542	608
浙 江	106 746	101 615	10 733	581	105 122	100 763	10 828	685
安 徽	126 609	100 070	6534	270	131 067	98 689	7464	264
福 建	54 710	84 619	4999	64	61 885	83 804	4880	62
江 西	94 013	53 521	3095	14	117 553	69 166	3685	14
山 东	205 415	122 810	12 756	208	196 498	125 848	11 845	159
河 南	116 891	101 375	4491	11	175 578	151 279	5326	16

续表

地区	2019年				2018年			
	去企业就业专科毕业生人数	去企业就业本科毕业生人数	去企业就业硕士毕业生人数	去企业就业博士毕业生人数	去企业就业专科毕业生人数	去企业就业本科毕业生人数	去企业就业硕士毕业生人数	去企业就业博士毕业生人数
湖 北	65 911	94 023	17 587	440	92 350	104 810	15 427	3859
湖 南	90 483	65 780	9450	127	110 817	82 005	9495	114
广 东	217 803	177 276	12 784	203	241 605	171 753	12 084	180
广 西	66 014	51 013	1672	0	82 108	58 715	3493	15
海 南	15 030	16 943	712	4	20 044	17 774	712	2
重 庆	74 973	58 032	7309	90	62 274	63 225	7729	144
四 川	110 218	108 867	12 139	525	132 793	100 188	11 900	556
贵 州	55 147	26 095	1185	0	41 590	24 011	1137	1
云 南	47 533	49 575	4086	30	50 586	51 379	4218	33
西 藏	1837	1293	99	0	1986	806	70	0
陕 西	87 456	103 150	17 238	389	108 692	110 846	16 361	322
甘 肃	38 187	35 214	3641	26	39 144	38 090	3833	37
青 海	6439	5272	412	0	6354	5263	315	0
宁 夏	11 135	6158	371	0	8922	6393	195	5
新 疆	29 963	13 557	1672	13	35 152	13 532	1927	12
总 计	2 153 351	1 982 492	259 765	8938	2 353 899	2 097 058	250 749	11 779

2. 校企共建基地情况

表6-6　不同类型普通高校校企共建基地情况

单位：个

高校类型	2019年			2018年		
	学校与企业共建的校内实习、实训、实践基地数	学校与企业共建的校外实习、实训、实践基地数	学校与企业共建的创新创业基地数	学校与企业共建的校内实习、实训、实践基地数	学校与企业共建的校外实习、实训、实践基地数	学校与企业共建的创新创业基地数
综合大学	10 925	89 967	8015	9811	84 343	8341
理工院校	21 143	117 802	12 052	17 979	111 161	12 375

高校类型	2019年			2018年		
	学校与企业共建的校内实习、实训、实践基地数	学校与企业共建的校外实习、实训、实践基地数	学校与企业共建的创新创业基地数	学校与企业共建的校内实习、实训、实践基地数	学校与企业共建的校外实习、实训、实践基地数	学校与企业共建的创新创业基地数
农业院校	1434	14 640	2656	1545	15 299	2815
林业院校	529	3175	261	318	2750	178
医药院校	1441	8894	770	1029	9257	530
师范院校	3137	26 407	1858	2837	24 788	1574
语文院校	327	4166	465	490	4309	365
财经院校	2937	25 619	1654	2882	24 481	1438
政法院校	988	1822	109	232	3096	49
体育院校	159	1563	74	149	1571	66
艺术院校	965	3594	370	908	3865	553
民族院校	77	1851	94	379	2874	43
总计	44 062	299 500	28 378	38 559	287 794	28 327

表6-7 不同规格普通高校校企共建基地情况

单位：个

高校规格	2019年			2018年		
	学校与企业共建的校内实习、实训、实践基地数	学校与企业共建的校外实习、实训、实践基地数	学校与企业共建的创新创业基地数	学校与企业共建的校内实习、实训、实践基地数	学校与企业共建的校外实习、实训、实践基地数	学校与企业共建的创新创业基地数
本科	16 987	178 478	20 209	13 675	167 450	19 656
其中：独立学院	1630	17 941	1555	1558	17 473	1654
专科	27 075	121 022	8169	24 884	120 344	8671
总计	44 062	299 500	28 378	38 559	287 794	28 327

表6-8　不同隶属普通高校校企共建基地情况

单位：个

高校隶属	2019年			2018年		
	学校与企业共建的校内实习、实训、实践基地数	学校与企业共建的校外实习、实训、实践基地数	学校与企业共建的创新创业基地数	学校与企业共建的校内实习、实训、实践基地数	学校与企业共建的校外实习、实训、实践基地数	学校与企业共建的创新创业基地数
中央	1888	26 308	2566	1099	23 566	2074
教育部	1405	20 898	2288	765	18 686	1554
其他部门	483	5410	278	334	4880	520
地方	35 471	216 304	21 551	31 077	212 094	21 784
教育部门	24 439	164 621	18 404	20 960	159 325	18 346
其他部门	9598	48 932	3033	9219	50 355	3334
具有法人资格的中外合作办学	85	139	8	69	239	11
地方企业	1349	2612	106	829	2175	93
民办	6703	56 888	4261	6383	52 134	4469
总计	44 062	299 500	28 378	38 559	287 794	28 327

表6-9　按"双一流"建设项目分普通高校校企共建基地情况

单位：个

高校分类	2019年			2018年		
	学校与企业共建的校内实习、实训、实践基地数	学校与企业共建的校外实习、实训、实践基地数	学校与企业共建的创新创业基地数	学校与企业共建的校内实习、实训、实践基地数	学校与企业共建的校外实习、实训、实践基地数	学校与企业共建的创新创业基地数
"世界一流大学"建设高校	1028	13 827	1466	564	13 165	1098
"世界一流学科"建设高校	1767	20 400	3032	642	11 871	2464
其他高校	41 267	265 273	23 880	37 353	262 758	24 765
总计	44 062	299 500	28 378	38 559	287 794	28 327

表6-10　不同地区普通高校校企共建基地情况

单位：个

地区	2019年			2018年		
	学校与企业共建的校内实习、实训、实践基地数	学校与企业共建的校外实习、实训、实践基地数	学校与企业共建的创新创业基地数	学校与企业共建的校内实习、实训、实践基地数	学校与企业共建的校外实习、实训、实践基地数	学校与企业共建的创新创业基地数
北　京	717	7243	996	604	7506	604
天　津	749	5479	238	526	4563	216
河　北	1465	11 726	776	1905	11 439	1093
山　西	594	2977	265	401	4197	169
内蒙古	539	3871	288	509	3386	278
辽　宁	2451	12 546	1179	812	10 391	1055
吉　林	1016	6108	692	743	7102	427
黑龙江	607	6465	655	658	7008	480
上　海	1584	8652	461	801	8214	1612
江　苏	4816	31 223	2786	4244	26 115	2986
浙　江	1730	21 640	2324	1720	20 921	1996
安　徽	2025	11 510	833	1455	11 545	668
福　建	1976	13 180	2275	2042	11 324	1640
江　西	1664	7872	1739	1149	8887	1738
山　东	3495	21 460	2546	4039	19 103	2560
河　南	2620	13 121	1333	3089	15 480	1083
湖　北	1310	11 043	1033	936	12 793	1616
湖　南	1701	9711	973	1563	10 102	1275
广　东	2942	32 387	1958	2357	27 382	2617
广　西	1063	6686	871	1183	8510	800
海　南	192	1335	51	483	1580	49
重　庆	1977	7377	626	757	8377	158
四　川	1691	13 162	1302	1275	12 422	1466
贵　州	337	3498	184	992	3030	116
云　南	1626	6952	643	921	6068	258
西　藏	17	151	20	13	299	12

续表

地区	2019年			2018年		
	学校与企业共建的校内实习、实训、实践基地数	学校与企业共建的校外实习、实训、实践基地数	学校与企业共建的创新创业基地数	学校与企业共建的校内实习、实训、实践基地数	学校与企业共建的校外实习、实训、实践基地数	学校与企业共建的创新创业基地数
陕　西	1761	11 228	896	1985	9731	1053
甘　肃	529	3902	192	707	3572	195
青　海	171	783	16	105	822	6
宁　夏	104	1398	77	51	1020	20
新　疆	593	4814	150	534	4905	81
总　计	44 062	299 500	28 378	38 559	287 794	28 327

3. 校企合作教学情况

表6-11　不同类型普通高校校企合作教学情况

高校类型	2019年		2018年	
	学校与企业合作编写教材数（册）	学校与企业合作开发课程数（门）	学校与企业合作编写教材数（册）	学校与企业合作开发课程数（门）
综合大学	6394	20 929	10 642	17 264
理工院校	21 607	41 711	10 874	29 095
农业院校	867	2923	995	2348
林业院校	165	437	186	361
医药院校	1154	2466	746	2047
师范院校	1354	3226	340	2507
语文院校	155	350	175	594
财经院校	4754	4933	1672	4468
政法院校	81	236	129	226
体育院校	29	95	35	128
艺术院校	363	1205	369	1209
民族院校	64	135	12	86
总计	36 987	78 646	26 175	60 333

表6-12　不同规格普通高校校企合作教学情况

高校规格	2019年		2018年	
	学校与企业合作编写教材数（册）	学校与企业合作开发课程数（门）	学校与企业合作编写教材数（册）	学校与企业合作开发课程数（门）
本科	6611	21 626	2660	19 086
其中：独立学院	168	2443	208	1691
专科	30 376	57 020	23 515	41 247
总计	36 987	78 646	26 175	60 333

表6-13　不同隶属普通高校校企合作教学情况

高校隶属	2019年		2018年	
	学校与企业合作编写教材数（册）	学校与企业合作开发课程数（门）	学校与企业合作编写教材数（册）	学校与企业合作开发课程数（门）
中央	365	3157	376	2910
教育部	139	2222	139	1944
其他部门	226	935	237	966
地方	33 530	66 869	23 385	50 264
教育部门	21 300	48 298	15 588	33 529
其他部门	11 762	17 339	7247	15 584
具有法人资格的中外合作办学	2	7	2	2
地方企业	466	1225	548	1149
民办	3092	8620	2414	7159
总计	36 987	78 646	26 175	60 333

表6-14　按"双一流"建设项目分普通高校校企合作教学情况

高校分类	2019年		2018年	
	学校与企业合作编写教材数（册）	学校与企业合作开发课程数（门）	学校与企业合作编写教材数（册）	学校与企业合作开发课程数（门）
"世界一流大学"建设高校	70	1651	87	1598
"世界一流学科"建设高校	172	1405	59	663

续表

高校分类	2019年		2018年	
	学校与企业合作编写教材数（册）	学校与企业合作开发课程数（门）	学校与企业合作编写教材数（册）	学校与企业合作开发课程数（门）
其他高校	36 745	75 590	26 029	58 072
总计	36 987	78 646	26 175	60 333

表6-15　不同地区普通高校校企合作教学情况

地区	2019年		2018年	
	学校与企业合作编写教材数（册）	学校与企业合作开发课程数（门）	学校与企业合作编写教材数（册）	学校与企业合作开发课程数（门）
北　京	226	979	182	1023
天　津	3297	1285	459	1423
河　北	3636	5616	1171	4008
山　西	498	268	233	416
内蒙古	465	1192	475	1454
辽　宁	498	3155	253	2361
吉　林	1313	1847	220	1199
黑龙江	233	1188	232	1176
上　海	257	1600	331	1084
江　苏	5195	11 607	3725	7694
浙　江	2409	7601	2286	6586
安　徽	4915	1538	433	1257
福　建	1089	3036	813	3018
江　西	840	1837	796	1681
山　东	2280	7438	1781	5515
河　南	1899	5134	999	2344
湖　北	911	2310	1066	2439
湖　南	1542	4123	2064	3328
广　东	1715	5921	1196	3808
广　西	494	1198	434	1330
海　南	28	104	100	91
重　庆	1274	3220	919	1877

地区	2019年		2018年	
	学校与企业合作编写教材数（册）	学校与企业合作开发课程数（门）	学校与企业合作编写教材数（册）	学校与企业合作开发课程数（门）
四　川	899	2316	552	1687
贵　州	181	813	4472	851
云　南	220	620	277	925
西　藏	0	36	10	3
陕　西	261	1680	302	767
甘　肃	169	339	176	463
青　海	67	96	82	129
宁　夏	45	106	81	101
新　疆	131	443	55	295
总　计	36 987	78 646	26 175	60 333

4. 创新创业教育情况

表6-16　不同类型普通高校创新创业教育情况

高校类型	2019年			2018年		
	学校开设的创业课程数（门）	在校生创业项目数（正式立项或注册）（项）	国家级大学生创新创业训练计划立项项目数（项）	学校开设的创业课程数（门）	在校生创业项目数（正式立项或注册）（项）	国家级大学生创新创业训练计划立项项目数（项）
综合大学	10 028	21 091	11 233	9299	21 048	12 868
理工院校	11 394	32 426	14 019	10 654	26 394	12 938
农业院校	1509	4074	1947	1246	4113	2238
林业院校	162	386	578	158	335	358
医药院校	1582	5717	3078	1371	4509	2553
师范院校	3365	9239	4773	3468	10 362	4675
语文院校	390	1006	655	515	1111	913
财经院校	3150	6832	2709	3210	6221	2628
政法院校	180	407	466	163	326	744

续表

高校类型	2019年			2018年		
	学校开设的创业课程数（门）	在校生创业项目数（正式立项或注册）（项）	国家级大学生创新创业训练计划立项项目数（项）	学校开设的创业课程数（门）	在校生创业项目数（正式立项或注册）（项）	国家级大学生创新创业训练计划立项项目数（项）
体育院校	136	704	229	92	802	294
艺术院校	521	1702	530	447	1394	673
民族院校	205	594	922	173	833	744
总计	32 622	84 178	41 139	30 796	77 448	41 626

表6-17 不同规格普通高校创新创业教育情况

高校规格	2019年			2018年		
	学校开设的创业课程数（门）	在校生创业项目数（正式立项或注册）（项）	国家级大学生创新创业训练计划立项项目数（项）	学校开设的创业课程数（门）	在校生创业项目数（正式立项或注册）（项）	国家级大学生创新创业训练计划立项项目数（项）
本科	23 760	64 420	40 214	21 389	58 766	40 806
其中：独立学院	1823	5396	1107	1995	5170	1467
专科	8862	19 758	925	9407	18 682	820
总计	32 622	84 178	41 139	30 796	77 448	41 626

表6-18 不同隶属普通高校创新创业教育情况

高校隶属	2019年			2018年		
	学校开设的创业课程数（门）	在校生创业项目数（正式立项或注册）（项）	国家级大学生创新创业训练计划立项项目数（项）	学校开设的创业课程数（门）	在校生创业项目数（正式立项或注册）（项）	国家级大学生创新创业训练计划立项项目数（项）
中央	3952	9404	13 852	3812	9546	14 216
教育部	3191	7052	10 445	3017	7545	11 174
其他部门	761	2352	3407	795	2001	3042
地方	23 758	59 971	22 980	21 962	53 842	23 334
教育部门	20 063	50 662	21 324	17 632	45 488	21 055
其他部门	3496	8949	1639	4194	8017	2262

高校隶属	2019年			2018年		
	学校开设的创业课程数（门）	在校生创业项目数（正式立项或注册）（项）	国家级大学生创新创业训练计划立项项目数（项）	学校开设的创业课程数（门）	在校生创业项目数（正式立项或注册）（项）	国家级大学生创新创业训练计划立项项目数（项）
具有法人资格的中外合作办学	37	79	17	21	126	17
地方企业	162	281	0	115	211	0
民办	4912	14 803	4307	5022	14 060	4076
总计	32 622	84 178	41 139	30 796	77 448	41 626

表6-19　按"双一流"建设项目分普通高校创新创业教育情况

高校分类	2019年			2018年		
	学校开设的创业课程数（门）	在校生创业项目数（正式立项或注册）（项）	国家级大学生创新创业训练计划立项项目数（项）	学校开设的创业课程数（门）	在校生创业项目数（正式立项或注册）（项）	国家级大学生创新创业训练计划立项项目数（项）
"世界一流大学"建设高校	2442	4493	7843	2260	5253	7956
"世界一流学科"建设高校	3200	8682	7078	1776	4823	4782
其他高校	26 980	71 003	26 218	26 760	67 372	28 888
总计	32 622	84 178	41 139	30 796	77 448	41 626

表6-20　不同地区普通高校创新创业教育情况

地区	2019年			2018年		
	学校开设的创业课程数（门）	在校生创业项目数（正式立项或注册）（项）	国家级大学生创新创业训练计划立项项目数（项）	学校开设的创业课程数（门）	在校生创业项目数（正式立项或注册）（项）	国家级大学生创新创业训练计划立项项目数（项）
北　京	1104	2845	3393	1228	2969	2928
天　津	830	2212	718	790	1842	842
河　北	1012	2346	596	900	2436	627
山　西	199	470	188	255	1021	119
内蒙古	520	834	296	475	669	109

续表

地区	2019年			2018年		
	学校开设的创业课程数（门）	在校生创业项目数（正式立项或注册）（项）	国家级大学生创新创业训练计划立项项目数（项）	学校开设的创业课程数（门）	在校生创业项目数（正式立项或注册）（项）	国家级大学生创新创业训练计划立项项目数（项）
辽 宁	1513	4317	1891	1247	3398	1596
吉 林	683	2276	1854	651	2011	2085
黑龙江	1274	1915	1295	1023	1480	1453
上 海	1501	1872	1896	1012	1993	1844
江 苏	2637	4785	2883	2521	4216	4051
浙 江	2832	7471	1942	3271	4797	1536
安 徽	984	2481	3482	771	2747	3304
福 建	2962	5924	1524	1701	3918	1386
江 西	667	2402	602	691	2689	520
山 东	2518	3627	2252	1810	4190	2521
河 南	679	4748	428	925	4985	395
湖 北	1066	2728	2281	1127	4518	2342
湖 南	930	3584	1373	756	3451	1114
广 东	2621	8974	2164	3192	5522	2315
广 西	489	2130	1231	809	3624	2116
海 南	230	790	246	126	741	184
重 庆	409	2820	383	535	2609	376
四 川	1718	6957	2874	1699	5398	3333
贵 州	413	760	647	351	608	437
云 南	425	1325	462	800	1676	385
西 藏	23	86	36	23	54	65
陕 西	1281	1390	3189	1158	1999	2371
甘 肃	736	1036	535	454	985	510
青 海	117	262	11	100	226	41
宁 夏	83	383	150	133	251	178
新 疆	166	428	317	262	425	543
总 计	32 622	84 178	41 139	30 796	77 448	41 626

5. 企业设立奖学金情况

表6-21　不同类型普通高校企业设立奖学金情况

单位：亿元

高校类型	2019年	2018年
	企业为学生设立的奖学金金额	企业为学生设立的奖学金金额
综合大学	11.23	6.78
理工院校	5.02	12.05
农业院校	0.63	0.45
林业院校	0.08	0.08
医药院校	0.58	0.60
师范院校	0.82	1.43
语文院校	0.75	0.13
财经院校	0.77	0.90
政法院校	0.39	0.12
体育院校	0.01	0.00
艺术院校	0.80	0.11
民族院校	0.05	0.18
总计	21.12	22.83

表6-22　不同规格普通高校企业设立奖学金情况

单位：亿元

高校规格	2019年	2018年
	企业为学生设立的奖学金金额	企业为学生设立的奖学金金额
本科	19.70	19.48
其中： 独立学院	0.29	0.36
专科	1.42	2.99
总计	21.12	22.83

表6-23　不同隶属普通高校企业设立奖学金情况

单位：亿元

高校隶属	2019年	2018年
	企业为学生设立的奖学金金额	企业为学生设立的奖学金金额
中央	3.74	4.27
教育部	3.32	3.82
其他部门	0.42	0.45
地方	15.47	16.53
教育部门	13.43	13.80
其他部门	0.98	1.47
具有法人资格的中外合作办学	1.03	1.24
地方企业	0.03	0.02
民办	1.92	2.03
总计	21.12	22.83

表6-24　按"双一流"建设项目分普通高校企业设立奖学金情况

单位：亿元

高校分类	2019年	2018年
	企业为学生设立的奖学金金额	企业为学生设立的奖学金金额
"世界一流大学"建设高校	2.64	2.69
"世界一流学科"建设高校	2.30	1.65
其他高校	16.18	18.50
总计	21.12	22.83

表6-25　不同地区普通高校企业设立奖学金情况

单位：亿元

地区	2019年	2018年
	企业为学生设立的奖学金金额	企业为学生设立的奖学金金额
北京	1.00	0.64
天津	0.94	0.16
河北	0.13	0.14
山西	0.05	0.05

地区	2019年	2018年
	企业为学生设立的奖学金金额	企业为学生设立的奖学金金额
内蒙古	0.07	0.27
辽　宁	0.37	5.38
吉　林	0.22	0.46
黑龙江	0.15	0.14
上　海	1.25	1.11
江　苏	1.22	1.58
浙　江	0.81	0.55
安　徽	1.47	1.16
福　建	0.40	0.31
江　西	0.15	0.26
山　东	0.57	2.73
河　南	0.31	0.24
湖　北	0.82	1.74
湖　南	0.84	0.58
广　东	1.57	1.98
广　西	0.06	0.23
海　南	0.05	0.27
重　庆	0.50	0.24
四　川	1.20	0.81
贵　州	0.09	0.18
云　南	5.78	0.12
西　藏	0.01	0.01
陕　西	0.42	0.77
甘　肃	0.09	0.05
青　海	0.01	0.01
宁　夏	0.53	0.61
新　疆	0.05	0.03
总　计	21.12	22.83

（二）师资队伍与社会服务

1. 专任教师企业实践情况

表6–26　不同类型普通高校专任教师企业实践情况

单位：人

高校类型	2019年		2018年	
	具有累计2年以上企业工作经验的专任教师数	学校派去企业实践锻炼累计3个月及以上的专任教师数	具有累计2年以上企业工作经验的专任教师数	学校派去企业实践锻炼累计3个月及以上的专任教师数
综合大学	54 807	29 300	51 389	27 730
理工院校	84 794	40 712	82 971	45 049
农业院校	6203	4156	6385	3934
林业院校	2424	824	2352	1135
医药院校	9272	4230	11 170	4806
师范院校	8427	4456	8775	5158
语文院校	2394	370	2599	855
财经院校	15 982	7684	13 946	8423
政法院校	1177	759	1350	593
体育院校	456	161	870	314
艺术院校	4529	1734	4016	1538
民族院校	823	281	1045	323
总计	191 288	94 667	186 868	99 858

表6–27　不同规格普通高校专任教师企业实践情况

单位：人

高校规格	2019年		2018年	
	具有累计2年以上企业工作经验的专任教师数	学校派去企业实践锻炼累计3个月及以上的专任教师数	具有累计2年以上企业工作经验的专任教师数	学校派去企业实践锻炼累计3个月及以上的专任教师数
本科	101 323	38 437	93 260	41 771
其中：独立学院	9663	2639	11 534	3900

高校规格	2019年		2018年	
	具有累计2年以上企业工作经验的专任教师数	学校派去企业实践锻炼累计3个月及以上的专任教师数	具有累计2年以上企业工作经验的专任教师数	学校派去企业实践锻炼累计3个月及以上的专任教师数
专科	89 965	56 230	93 608	58 087
总计	191 288	94 667	186 868	99 858

表6-28　不同隶属普通高校专任教师企业实践情况

单位：人

高校隶属	2019年		2018年	
	具有累计2年以上企业工作经验的专任教师数	学校派去企业实践锻炼累计3个月及以上的专任教师数	具有累计2年以上企业工作经验的专任教师数	学校派去企业实践锻炼累计3个月及以上的专任教师数
中央	11 223	4151	8258	4049
教育部	8654	3443	5977	3194
其他部门	2569	708	2281	855
地方	129 567	70 996	129 597	74 771
教育部门	92 829	49 051	89 067	50 135
其他部门	32 842	20 308	36 782	23 450
具有法人资格的中外合作办学	510	5	551	34
地方企业	3386	1632	3197	1152
民办	50 498	19 520	49 013	21 038
总计	191 288	94 667	186 868	99 858

表6-29　按"双一流"建设项目分普通高校专任教师企业实践情况

单位：人

高校分类	2019年		2018年	
	具有累计2年以上企业工作经验的专任教师数	学校派去企业实践锻炼累计3个月及以上的专任教师数	具有累计2年以上企业工作经验的专任教师数	学校派去企业实践锻炼累计3个月及以上的专任教师数
"世界一流大学"建设高校	5979	2396	3799	1993

续表

高校分类	2019年		2018年	
	具有累计2年以上企业工作经验的专任教师数	学校派去企业实践锻炼累计3个月及以上的专任教师数	具有累计2年以上企业工作经验的专任教师数	学校派去企业实践锻炼累计3个月及以上的专任教师数
"世界一流学科"建设高校	8054	2626	4741	2226
其他高校	177 255	89 645	178 328	95 639
总计	191 288	94 667	186 868	99 858

表6–30 不同地区普通高校专任教师企业实践情况

单位：人

地区	2019年		2018年	
	具有累计2年以上企业工作经验的专任教师数	学校派去企业实践锻炼累计3个月及以上的专任教师数	具有累计2年以上企业工作经验的专任教师数	学校派去企业实践锻炼累计3个月及以上的专任教师数
北　京	4092	1079	2732	1587
天　津	4011	1642	3709	1859
河　北	8482	4747	10 324	4833
山　西	1109	652	1384	1683
内蒙古	2652	534	2724	1234
辽　宁	7868	2376	6374	2079
吉　林	5222	1764	3645	1138
黑龙江	4848	2330	4471	2463
上　海	5734	2359	4841	2556
江　苏	14 730	9095	13 822	8660
浙　江	11 375	5553	11 078	6112
安　徽	6781	4053	6008	3876
福　建	7530	6254	7615	5220
江　西	6661	2783	6251	4298
山　东	13 616	6576	11 430	6307
河　南	6529	6801	7227	6585
湖　北	6951	3019	8988	3412
湖　南	9508	4086	9575	5065

地区	2019年		2018年	
	具有累计2年以上企业工作经验的专任教师数	学校派去企业实践锻炼累计3个月及以上的专任教师数	具有累计2年以上企业工作经验的专任教师数	学校派去企业实践锻炼累计3个月及以上的专任教师数
广　东	24 088	8017	21 710	6780
广　西	6280	2962	7812	3541
海　南	1502	507	1454	619
重　庆	6053	3015	5849	4304
四　川	9498	2939	9934	3294
贵　州	2575	2552	2552	1599
云　南	3723	1607	3489	1121
西　藏	108	194	149	247
陕　西	5642	3622	6264	5104
甘　肃	1901	1440	2456	1188
青　海	388	208	364	175
宁　夏	668	828	845	370
新　疆	1163	1073	1792	2549
总　计	191 288	94 667	186 868	99 858

2. 校聘兼职教师情况

表6-31　不同类型普通高校校聘兼职教师情况

高校类型	2019年				2018年			
	学校拥有外聘兼职教师（校聘）总数（人）	其中：来自企业、行业的教师比例（%）	其中：来自境外的教师比例（%）	企业、行业外聘兼职教师授课的课时总数（万课时）	学校拥有外聘兼职教师（校聘）总数（人）	其中：来自企业、行业的教师比例（%）	其中：来自境外的教师比例（%）	企业、行业外聘兼职教师授课的课时总数（万课时）
综合大学	115 222	57.0	6.7	584.1	110 302	59.0	5.0	553.8
理工院校	159 258	65.3	4.8	921.6	151 918	63.6	4.9	927.9
农业院校	13 566	59.3	4.2	79.1	14 456	57.6	4.1	70.7

续表

高校类型	2019年				2018年			
	学校拥有外聘兼职教师（校聘）总数（人）	其中：来自企业、行业的教师比例（%）	其中：来自境外的教师比例（%）	企业、行业外聘兼职教师授课的课时总数（万课时）	学校拥有外聘兼职教师（校聘）总数（人）	其中：来自企业、行业的教师比例（%）	其中：来自境外的教师比例（%）	企业、行业外聘兼职教师授课的课时总数（万课时）
林业院校	2846	55.8	3.0	15.5	2218	54.3	5.5	17.5
医药院校	48 972	78.0	1.7	160.3	47 465	74.8	2.2	231.7
师范院校	34 238	43.5	6.0	92.7	28 594	46.0	6.1	101.3
语文院校	5413	29.7	16.1	16.7	5710	35.7	16.3	64.5
财经院校	38 229	49.5	3.8	162.9	36 556	50.9	5.1	174.3
政法院校	3726	61.9	3.2	12.9	3893	61.1	1.7	13.5
体育院校	1420	56.9	6.3	12.3	1473	58.6	5.2	10.7
艺术院校	10 106	54.1	3.7	113.1	8837	57.6	4.3	97.7
民族院校	2102	40.0	4.3	10.0	2059	29.0	7.0	15.1
总计	435 098	60.3	5.0	2181.1	413 481	60.3	4.8	2278.6

表6-32 不同规格普通高校校聘兼职教师情况

高校规格	2019年				2018年			
	学校拥有外聘兼职教师（校聘）总数（人）	其中：来自企业、行业的教师比例（%）	其中：来自境外的教师比例（%）	企业、行业外聘兼职教师授课的课时总数（万课时）	学校拥有外聘兼职教师（校聘）总数（人）	其中：来自企业、行业的教师比例（%）	其中：来自境外的教师比例（%）	企业、行业外聘兼职教师授课的课时总数（万课时）
本科	262 862	45.8	7.7	558.6	248 811	135.7	17.4	683.5
其中：独立学院	34 758	24.8	1.4	69.2	36 608	37.0	1.4	89.1
专科	172 236	82.4	0.8	1622.5	164 670	159.1	2.0	1595.1
总计	435 098	60.3	5.0	2181.1	413 481	60.3	4.8	2278.6

表6-33　不同隶属普通高校校聘兼职教师情况

高校隶属	2019年				2018年			
	学校拥有外聘兼职教师（校聘）总数（人）	其中：来自企业、行业的教师比例（%）	其中：来自境外的教师比例（%）	企业、行业外聘兼职教师授课的课时总数（万课时）	学校拥有外聘兼职教师（校聘）总数（人）	其中：来自企业、行业的教师比例（%）	其中：来自境外的教师比例（%）	企业、行业外聘兼职教师授课的课时总数（万课时）
中央	35 429	41.9	18.7	26.5	32 308	39.1	18.2	31.2
教育部	25 565	43.4	18.6	11.1	23 415	38.1	17.4	12.2
其他部门	9864	37.9	18.8	15.4	8893	41.9	20.2	19.0
地方	303 182	69.2	4.6	1774.3	290 008	67.9	4.3	1854.9
教育部门	225 133	65.4	5.7	1116.5	210 881	64.1	5.4	1149.2
其他部门	72 097	80.3	0.9	601.1	73 280	77.5	1.2	647.8
具有法人资格的中外合作办学	464	31.5	61.0	1.2	349	35.0	53.6	0.2
地方企业	5488	85.1	0.2	55.4	5498	86.1	0.3	57.7
民办	96 487	39.0	1.4	380.3	91 165	43.8	1.8	392.5
总计	435 098	60.3	5.0	2181.1	413 481	60.3	4.8	2278.6

表6-34　按"双一流"建设项目分普通高校校聘兼职教师情况

高校分类	2019年				2018年			
	学校拥有外聘兼职教师（校聘）总数（人）	其中：来自企业、行业的教师比例（%）	其中：来自境外的教师比例（%）	企业、行业外聘兼职教师授课的课时总数（万课时）	学校拥有外聘兼职教师（校聘）总数（人）	其中：来自企业、行业的教师比例（%）	其中：来自境外的教师比例（%）	企业、行业外聘兼职教师授课的课时总数（万课时）
"世界一流大学"建设高校	19 743	31.7	22.5	9.2	18 649	28.5	20.9	8.0
"世界一流学科"建设高校	23 929	50.8	20.2	16.8	15 399	46.3	15.0	19.6
其他高校	391 426	62.3	3.2	2155.0	379 433	62.5	3.6	2251.0
总计	435 098	60.3	5.0	2181.1	413 481	60.3	4.8	2278.6

表6-35　不同地区普通高校校聘兼职教师情况

地区	2019年				2018年			
	学校拥有外聘兼职教师（校聘）总数（人）	其中：来自企业、行业的教师比例（%）	其中：来自境外的教师比例（%）	企业、行业外聘兼职教师授课的课时总数（万课时）	学校拥有外聘兼职教师（校聘）总数（人）	其中：来自企业、行业的教师比例（%）	其中：来自境外的教师比例（%）	企业、行业外聘兼职教师授课的课时总数（万课时）
北　京	9693	48.2	13.2	22.6	8459	41.5	14.3	16.4
天　津	8926	52.4	7.4	50.7	7476	55.8	6.5	47.9
河　北	16 116	61.5	2.5	101.1	15 681	67.1	2.8	122.9
山　西	3765	57.4	4.8	19.4	5813	73.7	4.1	33.9
内蒙古	4874	74.2	4.6	30.2	6552	67.8	1.9	33.4
辽　宁	17 794	74.6	5.9	55.9	14 137	58.2	7.9	39.7
吉　林	8489	58.1	6.0	35.0	7538	46.9	5.7	50.3
黑龙江	9250	53.3	4.1	42.9	7662	63.1	3.2	53.0
上　海	12 581	36.6	13.1	42.3	13 353	35.0	11.1	32.3
江　苏	46 917	68.5	3.4	270.9	42 636	67.7	3.6	226.3
浙　江	27 505	63.6	6.7	146.2	24 698	65.7	7.0	142.3
安　徽	19 958	54.0	1.9	75.6	16 199	43.7	2.5	67.7
福　建	20 663	48.9	5.5	58.8	18 335	48.1	4.7	64.6
江　西	9654	57.9	3.9	49.7	11 857	66.4	3.1	59.7
山　东	31 679	65.2	4.2	174.5	27 665	66.9	4.0	180.9
河　南	17 316	52.4	3.2	149.6	21 015	49.4	3.8	114.6
湖　北	14 362	59.2	6.8	68.4	15 386	60.3	7.2	79.2
湖　南	16 935	52.7	5.0	111.6	19 317	57.2	4.3	111.8
广　东	39 413	68.8	3.3	234.4	35 659	71.4	3.7	198.3
广　西	13 463	69.4	1.1	62.0	13 543	52.7	4.3	69.0
海　南	1929	58.8	4.8	7.6	2975	40.5	3.0	13.3
重　庆	12 223	66.1	3.4	55.7	10 871	70.6	3.6	58.6
四　川	22 957	66.4	3.7	123.8	21 701	74.5	2.9	194.7
贵　州	4435	50.1	4.1	28.6	4608	52.0	4.0	35.5
云　南	15 494	54.1	2.6	47.2	14 342	61.6	2.1	67.2
西　藏	227	16.7	547.6	1.1	207	75.4	3.9	1.0
陕　西	14 139	51.2	11.2	51.1	13 657	49.4	12.3	95.8

地区	2019年				2018年			
	学校拥有外聘兼职教师（校聘）总数（人）	其中：来自企业、行业的教师比例（％）	其中：来自境外的教师比例（％）	企业、行业外聘兼职教师授课的课时总数（万课时）	学校拥有外聘兼职教师（校聘）总数（人）	其中：来自企业、行业的教师比例（％）	其中：来自境外的教师比例（％）	企业、行业外聘兼职教师授课的课时总数（万课时）
甘 肃	5799	50.6	2.4	22.1	4797	71.7	5.0	29.1
青 海	880	80.6	1.0	5.9	1238	62.0	1.2	7.1
宁 夏	1999	54.7	3.2	12.7	1636	45.5	1.9	8.5
新 疆	5663	50.1	0.8	23.5	4468	53.8	1.0	23.5
总 计	435 098	60.3	5.0	2181.1	413 481	60.3	4.8	2278.6

3. 学校服务企业情况

表6-36　不同类型普通高校学校服务企业情况

单位：人次

高校类型	2019年				2018年			
	专任教师参与企业技术咨询和技术服务的数量	学校承接企业员工培训数	其中：为第二产业培训企业员工数	其中：为第三产业培训企业员工数	专任教师参与企业技术咨询和技术服务的数量	学校承接企业员工培训数	其中：为第二产业培训企业员工数	其中：为第三产业培训企业员工数
综合大学	256 059	2 519 881	851 503	1 503 835	217 052	2 274 315	600 071	1 378 980
理工院校	243 745	4 940 255	2 369 286	2 318 505	240 560	5 270 483	2 981 143	2 083 767
农业院校	102 043	280 204	45 960	115 345	117 764	245 442	29 742	80 243
林业院校	7194	68 557	24 265	13 588	3941	17 558	7386	4184
医药院校	118 279	481 532	18 424	444 875	72 281	300 345	15 327	273 812
师范院校	36 665	437 329	81 566	343 553	25 144	426 047	31 068	380 685
语文院校	3404	33 282	3424	28 315	4444	49 234	6881	42 033
财经院校	122 858	714 173	58 295	591 740	76 439	716 909	93 740	588 632
政法院校	34 260	59 666	5413	46 404	13 972	77 687	4433	73 331
体育院校	8085	8821	0	8821	875	11 123	8	10 061

续表

高校类型	2019年				2018年			
	专任教师参与企业技术咨询和技术服务的数量	学校承接企业员工培训数	其中：为第二产业培训企业员工数	其中：为第三产业培训企业员工数	专任教师参与企业技术咨询和技术服务的数量	学校承接企业员工培训数	其中：为第二产业培训企业员工数	其中：为第三产业培训企业员工数
艺术院校	6722	80 468	5999	70 259	7058	90 429	18 044	82 124
民族院校	2113	31 379	7308	19 425	1718	14 882	4353	10 474
总计	941 427	9 655 547	3 471 443	5 504 665	781 248	9 494 454	3 792 196	5 008 326

表6-37 不同规格普通高校学校服务企业情况

单位：人次

高校规格	2019年				2018年			
	专任教师参与企业技术咨询和技术服务的数量	学校承接企业员工培训数	其中：为第二产业培训企业员工数	其中：为第三产业培训企业员工数	专任教师参与企业技术咨询和技术服务的数量	学校承接企业员工培训数	其中：为第二产业培训企业员工数	其中：为第三产业培训企业员工数
本科	459 552	2 446 270	749 176	1 549 158	344 636	2 375 709	658 081	1 443 413
其中：独立学院	12 124	88 496	17 162	69 387	9905	70 848	22 947	47 608
专科	481 875	7 209 277	2 722 267	3 955 507	436 612	7 118 745	3 134 115	3 564 913
总计	941 427	9 655 547	3 471 443	5 504 665	781 248	9 494 454	3 792 196	5 008 326

表6-38 不同隶属普通高校学校服务企业情况

单位：人次

高校隶属	2019年				2018年			
	专任教师参与企业技术咨询和技术服务的数量	学校承接企业员工培训数	其中：为第二产业培训企业员工数	其中：为第三产业培训企业员工数	专任教师参与企业技术咨询和技术服务的数量	学校承接企业员工培训数	其中：为第二产业培训企业员工数	其中：为第三产业培训企业员工数
中央	102 923	605 926	210 352	361 829	81 438	513 773	127 795	360 036
教育部	74 178	499 733	176 700	292 165	72 666	438 010	108 812	303 906
其他部门	28 745	106 193	33 652	69 664	8772	75 763	18 983	56 130

高校隶属	2019年				2018年			
	专任教师参与企业技术咨询和技术服务的数量	学校承接企业员工培训数	其中：为第二产业培训企业员工数	其中：为第三产业培训企业员工数	专任教师参与企业技术咨询和技术服务的数量	学校承接企业员工培训数	其中：为第二产业培训企业员工数	其中：为第三产业培训企业员工数
地方	680 951	8 300 274	3 082 749	4 592 959	655 558	8 119 003	3 415 502	4 208 866
教育部门	478 800	4 425 560	1 431 169	2 682 594	426 213	4 696 498	2 032 254	2 440 310
其他部门	198 622	3 222 203	1 153 841	1 813 067	208 861	2 898 921	1 041 991	1 611 897
具有法人资格的中外合作办学	104	4289	1158	3131	122	3340	703	2637
地方企业	3425	648 222	496 581	94 167	20 362	520 244	340 554	154 022
民办	157 553	749 347	178 342	549 877	44 252	861 678	248 899	439 424
总计	941 427	9 655 547	3 471 443	5 504 665	781 248	9 494 454	3 792 196	5 008 326

表6-39　按"双一流"建设项目分普通高校学校服务企业情况

单位：人次

高校分类	2019年				2018年			
	专任教师参与企业技术咨询和技术服务的数量	学校承接企业员工培训数	其中：为第二产业培训企业员工数	其中：为第三产业培训企业员工数	专任教师参与企业技术咨询和技术服务的数量	学校承接企业员工培训数	其中：为第二产业培训企业员工数	其中：为第三产业培训企业员工数
"世界一流大学"建设高校	47 809	401 972	126 930	249 845	36 071	307 901	71 954	218 211
"世界一流学科"建设高校	65 249	310 898	104 611	190 636	32 988	223 881	60 301	161 845
其他高校	828 369	8 942 677	3 239 902	5 064 184	712 189	8 962 672	3 659 941	4 628 270
总计	941 427	9 655 547	3 471 443	5 504 665	781 248	9 494 454	3 792 196	5 008 326

表6-40　不同地区普通高校学校服务企业情况

单位：人次

地区	2019年				2018年			
	专任教师参与企业技术咨询和技术服务的数量	学校承接企业员工培训数	其中：为第二产业培训企业员工数	其中：为第三产业培训企业员工数	专任教师参与企业技术咨询和技术服务的数量	学校承接企业员工培训数	其中：为第二产业培训企业员工数	其中：为第三产业培训企业员工数
北　京	34 462	338 184	71 603	218 485	58 825	309 579	68 292	235 042
天　津	4729	245 536	77 658	164 918	5554	198 038	59 438	138 500
河　北	33 748	430 707	210 133	200 747	43 638	407 868	203 338	175 479
山　西	4079	100 886	66 586	34 400	15 808	79 952	43 796	31 553
内蒙古	12 918	79 409	40 276	38 804	6226	49 980	29 347	18 244
辽　宁	19 207	253 892	81 292	158 960	25 892	190 324	58 700	131 111
吉　林	10 060	82 665	44 870	35 987	5482	60 966	33 468	25 328
黑龙江	14 598	232 111	140 490	82 126	13 405	211 801	96 325	94 467
上　海	17 214	222 090	58 533	159 352	13 078	245 614	88 518	169 267
江　苏	152 619	1 030 459	390 891	549 159	104 076	809 111	282 559	481 994
浙　江	203 274	1 226 926	287 065	841 840	58 526	966 316	283 578	655 545
安　徽	26 291	302 756	126 308	117 617	16 334	273 983	152 338	116 553
福　建	23 835	515 961	135 071	327 981	39 526	479 982	166 387	267 922
江　西	15 302	155 286	125 175	30 176	15 113	131 541	75 055	50 373
山　东	40 286	930 803	434 675	400 712	22 884	842 164	224 646	537 364
河　南	18 486	240 120	79 367	143 823	21 222	415 478	159 253	179 590
湖　北	28 010	254 158	72 802	172 620	52 567	299 196	144 276	150 788
湖　南	32 336	290 855	141 166	143 936	62 031	959 645	769 497	174 534
广　东	46 957	989 639	222 095	742 853	25 048	977 022	224 716	711 227
广　西	7783	127 113	57 766	68 247	18 663	136 616	75 971	56 969
海　南	1868	33 683	1373	33 465	1123	31 347	2716	25 778
重　庆	22 586	216 514	105 999	125 101	10 384	132 412	66 449	60 197
四　川	26 611	309 971	139 416	158 470	26 589	229 349	52 712	163 740
贵　州	84 984	273 172	61 855	188 417	43 314	140 330	50 584	87 613
云　南	17 208	159 422	50 730	95 876	23 349	60 509	23 568	36 045

地区	2019年				2018年			
	专任教师参与企业技术咨询和技术服务的数量	学校承接企业员工培训数	其中:为第二产业培训企业员工数	其中:为第三产业培训企业员工数	专任教师参与企业技术咨询和技术服务的数量	学校承接企业员工培训数	其中:为第二产业培训企业员工数	其中:为第三产业培训企业员工数
西 藏	188	17 486	2750	5200	46	2244	760	1143
陕 西	24 993	260 966	104 617	133 568	28 156	486 473	142 573	138 981
甘 肃	2947	88 712	33 463	29 920	14 339	143 223	93 922	19 885
青 海	2979	24 411	13 384	5920	4631	4546	14 044	4795
宁 夏	5132	80 346	63 253	15 782	2600	131 460	83 535	6360
新 疆	5737	141 308	30 781	80 203	2819	87 385	21 835	61 939
总 计	941 427	9 655 547	3 471 443	5 504 665	781 248	9 494 454	3 792 196	5 008 326

（三）校企合作开展科研创新

1. 校企合作申报纵向科研项目情况

表6-41　不同类型普通高校与企业合作申报纵向科研项目情况

高校类型	2019年			2018年		
	学校与企业合作申报获得纵向科研项目立项数（项）	学校与企业合作申报获得纵向科研项目立项金额（亿元）	学校与企业合作申报获得纵向科研项目的当年实际到账经费（亿元）	学校与企业合作申报获得纵向科研项目立项数（项）	学校与企业合作申报获得纵向科研项目立项金额（亿元）	学校与企业合作申报获得纵向科研项目的当年实际到账经费（亿元）
综合大学	4872	59.67	45.40	4527	48.41	38.36
理工院校	9065	100.98	70.57	7941	79.00	39.21
农业院校	1103	8.75	8.14	1380	9.67	8.30
林业院校	165	1.07	0.42	208	0.69	0.60
医药院校	475	4.88	3.09	437	8.26	2.31
师范院校	1128	6.48	3.33	826	3.82	2.05
语文院校	174	0.65	0.28	128	0.46	0.29

续表

高校类型	2019年			2018年		
	学校与企业合作申报获得纵向科研项目立项数（项）	学校与企业合作申报获得纵向科研项目立项金额（亿元）	学校与企业合作申报获得纵向科研项目的当年实际到账经费（亿元）	学校与企业合作申报获得纵向科研项目立项数（项）	学校与企业合作申报获得纵向科研项目立项金额（亿元）	学校与企业合作申报获得纵向科研项目的当年实际到账经费（亿元）
财经院校	550	1.26	0.42	12 854	1.20	0.47
政法院校	128	2.89	1.27	275	0.53	0.25
体育院校	7	0.08	0.04	6	0.19	0.04
艺术院校	109	0.14	0.13	73	0.23	0.15
民族院校	56	0.22	0.15	49	0.23	0.19
总计	17 832	187.06	133.24	28 704	152.67	92.21

表6-42　不同规格普通高校与企业合作申报纵向科研项目情况

高校规格	2019年			2018年		
	学校与企业合作申报获得纵向科研项目立项数（项）	学校与企业合作申报获得纵向科研项目立项金额（亿元）	学校与企业合作申报获得纵向科研项目的当年实际到账经费（亿元）	学校与企业合作申报获得纵向科研项目立项数（项）	学校与企业合作申报获得纵向科研项目立项金额（亿元）	学校与企业合作申报获得纵向科研项目的当年实际到账经费（亿元）
本科	13 883	183.62	130.92	24 997	149.55	90.14
其中：独立学院	233	0.64	0.15	237	0.26	0.14
专科	3949	3.44	2.32	3707	3.12	2.07
总计	17 832	187.06	133.24	28 704	152.67	92.21

表6-43　不同隶属普通高校与企业合作申报纵向科研项目情况

高校隶属	2019年			2018年		
	学校与企业合作申报获得纵向科研项目立项数（项）	学校与企业合作申报获得纵向科研项目立项金额（亿元）	学校与企业合作申报获得纵向科研项目的当年实际到账经费（亿元）	学校与企业合作申报获得纵向科研项目立项数（项）	学校与企业合作申报获得纵向科研项目立项金额（亿元）	学校与企业合作申报获得纵向科研项目的当年实际到账经费（亿元）
中央	4730	120.21	91.45	4266	93.02	59.20
教育部	3873	95.86	62.67	3508	74.98	50.75

高校隶属	2019年			2018年		
	学校与企业合作申报获得纵向科研项目立项数（项）	学校与企业合作申报获得纵向科研项目立项金额（亿元）	学校与企业合作申报获得纵向科研项目的当年实际到账经费（亿元）	学校与企业合作申报获得纵向科研项目立项数（项）	学校与企业合作申报获得纵向科研项目立项金额（亿元）	学校与企业合作申报获得纵向科研项目的当年实际到账经费（亿元）
其他部门	857	24.35	28.78	758	18.04	8.46
地方	11 705	64.56	41.09	23 366	58.71	32.39
教育部门	9671	59.67	38.49	21 570	55.92	29.19
其他部门	1976	4.05	2.36	1701	2.69	3.11
具有法人资格的中外合作办学	22	0.82	0.23	22	0.07	0.06
地方企业	36	0.02	0.01	73	0.03	0.02
民办	1397	2.29	0.70	1072	0.95	0.62
总计	17 832	187.06	133.24	28 704	152.67	92.21

表6-44 按"双一流"建设项目分普通高校与企业合作申报纵向科研项目情况

高校分类	2019年			2018年		
	学校与企业合作申报获得纵向科研项目立项数（项）	学校与企业合作申报获得纵向科研项目立项金额（亿元）	学校与企业合作申报获得纵向科研项目的当年实际到账经费（亿元）	学校与企业合作申报获得纵向科研项目立项数（项）	学校与企业合作申报获得纵向科研项目立项金额（亿元）	学校与企业合作申报获得纵向科研项目的当年实际到账经费（亿元）
"世界一流大学"建设高校	2930	86.66	66.31	2579	68.75	45.71
"世界一流学科"建设高校	2744	42.73	33.01	1633	26.36	12.35
其他高校	12 158	57.66	33.92	24 492	57.57	34.15
总计	17 832	187.06	133.24	28 704	152.67	92.21

表6-45 不同地区普通高校与企业合作申报纵向科研项目情况

地区	2019年			2018年		
	学校与企业合作申报获得纵向科研项目立项数（项）	学校与企业合作申报获得纵向科研项目立项金额（亿元）	学校与企业合作申报获得纵向科研项目的当年实际到账经费（亿元）	学校与企业合作申报获得纵向科研项目立项数（项）	学校与企业合作申报获得纵向科研项目立项金额（亿元）	学校与企业合作申报获得纵向科研项目的当年实际到账经费（亿元）
北　京	1182	34.44	22.13	780	23.07	14.86
天　津	345	3.67	2.04	582	8.71	2.86
河　北	908	1.48	1.19	807	1.66	1.16
山　西	286	3.06	2.06	185	0.37	0.43
内蒙古	114	1.85	1.67	276	2.61	1.66
辽　宁	550	6.15	4.43	406	5.67	3.68
吉　林	589	2.82	2.40	430	5.16	2.00
黑龙江	220	2.84	4.89	245	3.40	1.44
上　海	624	14.21	10.33	12 927	13.52	9.41
江　苏	2506	22.88	21.29	2325	16.91	11.61
浙　江	1010	8.27	6.67	940	6.27	5.51
安　徽	327	1.25	0.87	330	2.59	1.06
福　建	775	1.64	1.28	934	2.37	1.80
江　西	286	1.49	0.42	299	1.22	0.62
山　东	1498	10.28	6.70	1072	5.07	2.98
河　南	675	2.54	1.52	779	1.90	0.82
湖　北	820	19.13	6.06	689	8.56	2.77
湖　南	828	4.82	9.07	825	6.34	7.26
广　东	894	14.56	8.84	901	15.57	6.77
广　西	173	1.12	0.46	289	2.27	1.44
海　南	27	0.05	0.03	13	0.02	0.02
重　庆	424	3.67	1.37	641	4.32	1.06
四　川	939	5.68	5.36	595	5.53	4.66
贵　州	219	1.38	0.84	191	1.00	0.60
云　南	157	3.18	2.00	110	1.44	0.75
西　藏	3	0.04	0.01	3	0.10	0.08

地区	2019年			2018年		
	学校与企业合作申报获得纵向科研项目立项数（项）	学校与企业合作申报获得纵向科研项目立项金额（亿元）	学校与企业合作申报获得纵向科研项目的当年实际到账经费（亿元）	学校与企业合作申报获得纵向科研项目立项数（项）	学校与企业合作申报获得纵向科研项目立项金额（亿元）	学校与企业合作申报获得纵向科研项目的当年实际到账经费（亿元）
陕　西	1066	10.06	6.56	805	5.79	4.08
甘　肃	131	0.58	0.61	188	0.33	0.29
青　海	13	3.25	1.20	36	0.64	0.36
宁　夏	192	0.60	0.84	31	0.03	0.04
新　疆	51	0.08	0.10	70	0.23	0.13
总　计	17 832	187.06	133.24	28 704	152.67	92.21

2. 校企合作科研成果情况

表6-46　不同类型普通高校校企合作科研成果情况

高校类型	2019年			2018年		
	学校拥有与企业共建研发机构数（包括实验室、研究中心等）（个）	与企业合作发表科技论文数（篇）	与企业合作获得发明专利授权数（件）	学校拥有与企业共建研发机构数（包括实验室、研究中心等）（个）	与企业合作发表科技论文数（篇）	与企业合作获得发明专利授权数（件）
综合大学	5646	15 115	3128	5225	11 272	2734
理工院校	8956	36 130	6107	7441	31 373	6100
农业院校	593	2718	268	494	2739	277
林业院校	100	440	43	80	419	53
医药院校	545	1549	102	378	2284	187
师范院校	1065	1924	424	877	1238	263
语文院校	25	51	15	60	237	13
财经院校	447	1059	135	539	1196	231
政法院校	68	94	23	32	27	4
体育院校	14	8	1	12	22	2

续表

高校类型	2019年			2018年		
	学校拥有与企业共建研发机构数（包括实验室、研究中心等）（个）	与企业合作发表科技论文数（篇）	与企业合作获得发明专利授权数（件）	学校拥有与企业共建研发机构数（包括实验室、研究中心等）（个）	与企业合作发表科技论文数（篇）	与企业合作获得发明专利授权数（件）
艺术院校	146	30	18	130	60	93
民族院校	67	146	34	76	109	23
总计	17 672	59 264	10 298	15 344	50 976	9980

注：高校与企业合作发表的论文、获得的专利授权数量来源于学校申报的数据汇总，由于可能存在校校合作的情况，因此汇总数据包括了重复统计的情况，会与知识产权局公布的总数不一致。下同。

表6-47　不同规格普通高校校企合作科研成果情况

高校规格	2019年			2018年		
	学校拥有与企业共建研发机构数（包括实验室、研究中心等）（个）	与企业合作发表科技论文数（篇）	与企业合作获得发明专利授权数（件）	学校拥有与企业共建研发机构数（包括实验室、研究中心等）（个）	与企业合作发表科技论文数（篇）	与企业合作获得发明专利授权数（件）
本科	13 871	50 300	8759	11 719	42 254	8362
其中：独立学院	416	303	47	463	342	102
专科	3801	8964	1539	3625	8722	1618
总计	17 672	59 264	10 298	15 344	50 976	9980

表6-48　不同隶属普通高校校企合作科研成果情况

高校隶属	2019年			2018年		
	学校拥有与企业共建研发机构数（包括实验室、研究中心等）（个）	与企业合作发表科技论文数（篇）	与企业合作获得发明专利授权数（件）	学校拥有与企业共建研发机构数（包括实验室、研究中心等）（个）	与企业合作发表科技论文数（篇）	与企业合作获得发明专利授权数（件）
中央	3463	22 135	4854	2849	16 650	4090
教育部	2764	17 024	4451	2273	14 655	3820
其他部门	699	5111	403	576	1995	270

高校隶属	2019年			2018年		
	学校拥有与企业共建研发机构数（包括实验室、研究中心等）（个）	与企业合作发表科技论文数（篇）	与企业合作获得发明专利授权数（件）	学校拥有与企业共建研发机构数（包括实验室、研究中心等）（个）	与企业合作发表科技论文数（篇）	与企业合作获得发明专利授权数（件）
地方	12 568	35 105	4880	10 915	32 014	5099
教育部门	10 603	30 379	4141	9179	28 259	4494
其他部门	1840	4392	709	1631	3431	572
具有法人资格的中外合作办学	18	90	4	16	32	0
地方企业	107	244	26	89	292	33
民办	1641	2024	564	1580	2312	791
总计	17 672	59 264	10 298	15 344	50 976	9980

表6-49 按"双一流"建设项目分普通高校校企合作科研成果情况

高校分类	2019年			2018年		
	学校拥有与企业共建研发机构数（包括实验室、研究中心等）（个）	与企业合作发表科技论文数（篇）	与企业合作获得发明专利授权数（件）	学校拥有与企业共建研发机构数（包括实验室、研究中心等）（个）	与企业合作发表科技论文数（篇）	与企业合作获得发明专利授权数（件）
"世界一流大学"建设高校	1870	15 446	3285	1670	9510	3110
"世界一流学科"建设高校	2653	11 892	2301	1285	8347	1240
其他高校	13 149	31 926	4712	12 389	33 119	5630
总计	17 672	59 264	10 298	15 344	50 976	9980

表6-50　不同地区普通高校校企合作科研成果情况

地区	2019年			2018年		
	学校拥有与企业共建研发机构数（包括实验室、研究中心等）（个）	与企业合作发表科技论文数（篇）	与企业合作获得发明专利授权数（件）	学校拥有与企业共建研发机构数（包括实验室、研究中心等）（个）	与企业合作发表科技论文数（篇）	与企业合作获得发明专利授权数（件）
北　京	895	8226	1977	535	5953	1207
天　津	297	418	88	310	2087	85
河　北	693	953	154	692	1093	193
山　西	137	659	124	157	350	70
内蒙古	104	471	89	65	386	21
辽　宁	652	2193	278	440	1403	225
吉　林	278	1402	95	156	635	115
黑龙江	511	2965	90	428	520	176
上　海	507	5243	953	404	2495	482
江　苏	3266	6285	1376	3021	6800	1182
浙　江	1894	2457	503	1482	2183	465
安　徽	455	1252	131	465	927	182
福　建	611	1160	306	476	1126	220
江　西	258	1056	201	258	683	157
山　东	1236	3066	601	924	2356	506
河　南	769	1860	318	832	2135	470
湖　北	685	3024	476	639	4171	971
湖　南	763	2805	299	713	1405	284
广　东	1134	3348	527	1115	2882	1072
广　西	186	369	81	211	682	140
海　南	79	76	54	36	10	12
重　庆	340	1027	266	312	1885	244
四　川	693	3588	592	708	4481	853
贵　州	242	285	45	118	320	38
云　南	202	712	116	111	847	82
西　藏	1	0	2	14	10	0
陕　西	586	2858	464	438	2437	446
甘　肃	112	794	28	180	370	43

地区	2019年			2018年		
	学校拥有与企业共建研发机构数（包括实验室、研究中心等）（个）	与企业合作发表科技论文数（篇）	与企业合作获得发明专利授权数（件）	学校拥有与企业共建研发机构数（包括实验室、研究中心等）（个）	与企业合作发表科技论文数（篇）	与企业合作获得发明专利授权数（件）
青　海	13	108	5	14	106	5
宁　夏	14	323	31	9	57	4
新　疆	59	281	28	81	181	30
总　计	17 672	59 264	10 298	15 344	50 976	9980

3. 参与创新战略联盟情况

表6-51　不同类型普通高校参与创新战略联盟情况

单位：个

高校类型	2019年		2018年	
	学校参与国家产业技术创新战略联盟数	学校参与省级产业技术创新战略联盟数	学校参与国家产业技术创新战略联盟数	学校参与省级产业技术创新战略联盟数
综合大学	271	599	227	594
理工院校	381	1247	278	1283
农业院校	131	275	109	250
林业院校	29	121	11	55
医药院校	22	82	10	48
师范院校	30	129	16	107
语文院校	3	5	0	1
财经院校	6	48	15	36
政法院校	1	2	1	1
体育院校	3	5	3	4
艺术院校	0	12	0	9
民族院校	2	9	0	3
总计	879	2534	670	2391

表6-52　不同规格普通高校参与创新战略联盟情况

单位：个

高校规格	2019年		2018年	
	学校参与国家产业技术创新战略联盟数	学校参与省级产业技术创新战略联盟数	学校参与国家产业技术创新战略联盟数	学校参与省级产业技术创新战略联盟数
本科	796	2265	602	2133
其中：独立学院	10	36	17	37
专科	83	269	68	258
总计	879	2534	670	2391

表6-53　不同隶属普通高校参与创新战略联盟情况

单位：个

高校隶属	2019年		2018年	
	学校参与国家产业技术创新战略联盟数	学校参与省级产业技术创新战略联盟数	学校参与国家产业技术创新战略联盟数	学校参与省级产业技术创新战略联盟数
中央	386	708	329	548
教育部	352	620	306	477
其他部门	34	88	23	71
地方	448	1698	304	1736
教育部门	395	1541	264	1629
其他部门	53	155	39	105
具有法人资格的中外合作办学	0	0	0	0
地方企业	0	2	1	2
民办	45	128	37	107
总计	879	2534	670	2391

表6-54 按"双一流"建设项目分普通高校参与创新战略联盟情况

单位：个

高校分类	2019年		2018年	
	学校参与国家产业技术创新战略联盟数	学校参与省级产业技术创新战略联盟数	学校参与国家产业技术创新战略联盟数	学校参与省级产业技术创新战略联盟数
"世界一流大学"建设高校	247	397	226	383
"世界一流学科"建设高校	208	435	73	205
其他高校	424	1702	371	1803
总计	879	2534	670	2391

表6-55 不同地区普通高校参与创新战略联盟情况

单位：个

地区	2019年		2018年	
	学校参与国家产业技术创新战略联盟数	学校参与省级产业技术创新战略联盟数	学校参与国家产业技术创新战略联盟数	学校参与省级产业技术创新战略联盟数
北 京	108	236	90	123
天 津	14	87	18	96
河 北	35	78	32	70
山 西	6	33	3	32
内蒙古	2	9	4	8
辽 宁	54	332	28	215
吉 林	11	47	5	41
黑龙江	15	54	12	65
上 海	43	65	31	38
江 苏	136	468	91	745
浙 江	88	87	78	67
安 徽	8	56	15	54
福 建	15	35	12	45
江 西	23	47	13	42
山 东	40	112	44	53
河 南	28	91	26	83

续表

地区	2019年		2018年	
	学校参与国家产业技术创新战略联盟数	学校参与省级产业技术创新战略联盟数	学校参与国家产业技术创新战略联盟数	学校参与省级产业技术创新战略联盟数
湖　北	27	44	15	38
湖　南	45	59	26	43
广　东	30	213	18	223
广　西	8	20	9	23
海　南	3	13	0	1
重　庆	40	56	32	41
四　川	26	67	12	53
贵　州	2	14	2	11
云　南	20	37	6	11
西　藏	0	0	2	3
陕　西	40	120	41	117
甘　肃	5	26	0	34
青　海	4	9	3	8
宁　夏	2	10	0	2
新　疆	1	9	2	6
总　计	879	2534	670	2391

4. 企业委托科研项目情况

表6-56　不同类型普通高校承担企业委托科研项目情况（2018年）

高校类型	企业委托科研项目数（项）	委托科研项目的企业数（个）	承担企业委托科研项目的专任教师数（人）	企业委托科研项目合同金额（亿元）	企业委托科研项目当年实际收入（亿元）
综合大学	47 652	34 829	35 244	226.78	118.75
理工院校	78 173	56 857	72 924	284.47	196.56
农业院校	5497	4085	4017	11.69	8.26
林业院校	852	601	761	2.04	1.83

高校类型	企业委托科研项目数（项）	委托科研项目的企业数（个）	承担企业委托科研项目的专任教师数（人）	企业委托科研项目合同金额（亿元）	企业委托科研项目当年实际收入（亿元）
医药院校	2906	1893	2125	9.52	5.37
师范院校	8371	7042	7884	14.12	11.63
语文院校	528	457	484	0.77	0.61
财经院校	4300	3755	4766	6.38	5.35
政法院校	284	249	258	0.56	0.39
体育院校	39	39	52	0.13	0.09
艺术院校	622	531	623	1.66	1.59
民族院校	402	365	516	1.14	0.76
总计	149 626	110 703	129 654	559.25	351.18

表6-57　不同类型普通高校承担企业委托科研项目情况（2019年）

高校类型	企业委托科研项目数（项）	委托科研项目的企业数（个）	承担企业委托科研项目的专任教师数（人）	企业委托科研项目合同金额（亿元）	企业委托科研项目当年实际收入（亿元）
综合大学	54 987	41 211	42 820	227.52	138.91
理工院校	97 600	69 286	73 953	341.92	247.97
农业院校	5777	4242	3327	13.72	13.31
林业院校	1143	925	957	2.85	2.68
医药院校	3179	2347	3098	15.00	6.67
师范院校	11 114	9109	10 888	29.51	24.77
语文院校	955	843	1463	1.39	0.98
财经院校	4367	3761	4660	4.76	9.44
政法院校	256	224	343	0.24	0.18
体育院校	56	44	71	0.10	0.08
艺术院校	798	630	845	3.08	2.21
民族院校	422	388	585	1.35	0.84
总计	180 654	133 010	143 010	641.43	448.05

表6-58 不同规格普通高校承担企业委托科研项目情况（2018年）

高校规格	企业委托科研项目数（项）	委托科研项目的企业数（个）	承担企业委托科研项目的专任教师数（人）	企业委托科研项目合同金额（亿元）	企业委托科研项目当年实际收入（亿元）
本科	139 106	101 691	112 137	545.63	339.84
其中：独立学院	1951	1576	2123	5.76	3.26
专科	10 520	9012	17 517	13.61	11.34
总计	149 626	110 703	129 654	559.25	351.18

表6-59 不同规格普通高校承担企业委托科研项目情况（2019年）

高校规格	企业委托科研项目数（项）	委托科研项目的企业数（个）	承担企业委托科研项目的专任教师数（人）	企业委托科研项目合同金额（亿元）	企业委托科研项目当年实际收入（亿元）
本科	167 587	121 678	123 667	627.33	437.00
其中：独立学院	1447	1196	1604	2.26	1.51
专科	13 067	11 332	19 343	14.10	11.05
总计	180 654	133 010	143 010	641.43	448.05

表6-60 不同隶属普通高校承担企业委托科研项目情况（2018年）

高校隶属	企业委托科研项目数（项）	委托科研项目的企业数（个）	承担企业委托科研项目的专任教师数（人）	企业委托科研项目合同金额（亿元）	企业委托科研项目当年实际收入（亿元）
中央	59 271	38 334	38 629	341.71	200.36
教育部	53 112	34 821	32 195	305.42	170.85
其他部门	6159	3513	6434	36.29	29.51
地方	83 892	67 269	82 667	204.14	141.36
教育部门	78 805	62 509	72 777	195.02	133.99
其他部门	4973	4665	9670	8.78	7.22
具有法人资格的中外合作办学	58	53	63	0.23	0.10
地方企业	56	42	157	0.10	0.05
民办	6463	5100	8358	13.40	9.46
总计	149 626	110 703	129 654	559.25	351.18

表6-61　不同隶属普通高校承担企业委托科研项目情况（2019年）

高校隶属	企业委托科研项目数（项）	委托科研项目的企业数（个）	承担企业委托科研项目的专任教师数（人）	企业委托科研项目合同金额（亿元）	企业委托科研项目当年实际收入（亿元）
中央	68 669	44 461	42 121	357.69	247.35
教育部	59 229	38 873	36 168	304.26	205.87
其他部门	9440	5588	5953	53.43	41.48
地方	104 958	82 748	92 388	273.07	192.18
教育部门	97 539	76 638	81 561	260.72	184.09
其他部门	7296	6012	10 474	11.69	7.91
具有法人资格的中外合作办学	65	62	84	0.54	0.13
地方企业	58	36	269	0.11	0.05
民办	7027	5801	8501	10.67	8.52
总计	180 654	133 010	143 010	641.43	448.05

表6-62　按"双一流"建设项目分普通高校承担企业委托科研项目情况（2018年）

高校分类	企业委托科研项目数（项）	委托科研项目的企业数（个）	承担企业委托科研项目的专任教师数（人）	企业委托科研项目合同金额（亿元）	企业委托科研项目当年实际收入（亿元）
"世界一流大学"建设高校	36 285	23 702	23 766	255.16	139.28
"世界一流学科"建设高校	21 690	13 949	14 319	81.86	58.94
其他高校	91 651	73 052	91 569	222.23	152.96
总计	149 626	110 703	129 654	559.25	351.18

表6-63　按"双一流"建设项目分普通高校承担企业委托科研项目情况（2019年）

高校分类	企业委托科研项目数（项）	委托科研项目的企业数（个）	承担企业委托科研项目的专任教师数（人）	企业委托科研项目合同金额（亿元）	企业委托科研项目当年实际收入（亿元）
"世界一流大学"建设高校	41 987	28 020	26 875	251.73	172.84
"世界一流学科"建设高校	38 132	24 897	22 424	145.27	105.16
其他高校	100 535	80 093	93 711	244.43	170.05
总计	180 654	133 010	143 010	641.43	448.05

表6-64 不同地区普通高校承担企业委托科研项目情况（2018年）

地区	企业委托科研项目数（项）	委托科研项目的企业数（个）	承担企业委托科研项目的专任教师数（人）	企业委托科研项目合同金额（亿元）	企业委托科研项目当年实际收入（亿元）
北　京	11 608	8412	8048	58.82	41.27
天　津	3403	2712	2371	12.41	8.29
河　北	2725	2086	4301	4.84	4.15
山　西	1269	1116	1290	2.35	1.37
内蒙古	371	291	320	0.78	0.63
辽　宁	6282	4669	4722	24.62	14.35
吉　林	2040	1396	1830	7.07	3.46
黑龙江	1787	1138	4356	11.33	8.89
上　海	10 858	8397	6433	66.36	31.69
江　苏	22 711	17 218	17 188	80.40	48.00
浙　江	11 396	9423	7937	33.36	21.88
安　徽	3983	3065	3205	9.40	6.68
福　建	3985	3580	4404	27.78	6.02
江　西	1949	1659	3578	5.72	3.63
山　东	8325	5243	7431	20.50	14.58
河　南	3350	2996	4992	10.86	6.79
湖　北	9683	6570	8841	32.87	25.25
湖　南	4460	3675	5349	11.68	9.81
广　东	8922	6983	6643	31.17	21.42
广　西	891	654	1344	2.07	1.59
海　南	168	138	233	0.24	0.15
重　庆	6472	4012	2255	23.64	10.52
四　川	7446	4575	8817	30.90	26.66
贵　州	931	801	829	1.31	0.85
云　南	1446	1084	2158	4.22	1.47
西　藏	12	12	10	0.09	0.01
陕　西	10 924	7314	7839	39.70	27.46
甘　肃	1778	1125	2290	3.33	3.46
青　海	39	38	43	0.07	0.06

地区	企业委托科研项目数（项）	委托科研项目的企业数（个）	承担企业委托科研项目的专任教师数（人）	企业委托科研项目合同金额（亿元）	企业委托科研项目当年实际收入（亿元）
宁　夏	194	146	297	0.73	0.47
新　疆	218	175	300	0.63	0.33
总　计	149 626	110 703	129 654	559.25	351.18

表6-65　不同地区普通高校承担企业委托科研项目情况（2019年）

地区	企业委托科研项目数（项）	委托科研项目的企业数（个）	承担企业委托科研项目的专任教师数（人）	企业委托科研项目合同金额（亿元）	企业委托科研项目当年实际收入（亿元）
北　京	15 402	10 851	10 455	75.19	63.42
天　津	3876	3078	3081	13.08	9.87
河　北	3151	2495	3679	6.22	4.36
山　西	2559	1724	2818	6.58	3.81
内蒙古	502	406	438	0.90	0.76
辽　宁	6480	4784	4784	27.18	16.16
吉　林	2485	1775	2609	11.37	6.29
黑龙江	4137	2566	3368	16.85	17.46
上　海	11 904	9107	6318	62.81	25.35
江　苏	29 569	22 958	21 764	107.53	80.16
浙　江	13 156	10 786	10 069	37.52	26.29
安　徽	4909	3816	4068	11.04	7.55
福　建	4407	3538	4758	7.38	5.00
江　西	2438	1924	2619	9.66	5.95
山　东	10 326	7140	9238	32.36	20.78
河　南	4271	3365	4798	12.88	9.30
湖　北	9446	7113	6691	35.25	22.71
湖　南	6026	4809	5654	19.97	16.77
广　东	8868	7072	6970	33.01	20.89
广　西	712	622	767	1.24	0.92
海　南	201	186	403	0.63	0.53
重　庆	6876	4194	3402	24.16	20.09

续表

地区	企业委托科研项目数（项）	委托科研项目的企业数（个）	承担企业委托科研项目的专任教师数（人）	企业委托科研项目合同金额（亿元）	企业委托科研项目当年实际收入（亿元）
四　川	11 070	6102	10 981	36.05	27.96
贵　州	836	719	705	1.35	0.87
云　南	1069	854	873	3.24	1.87
西　藏	11	7	15	0.08	0.02
陕　西	13 203	9108	9700	41.10	29.19
甘　肃	2246	1481	1395	5.15	2.62
青　海	37	36	78	0.09	0.08
宁　夏	213	168	228	0.79	0.46
新　疆	268	226	284	0.77	0.57
总　计	180 654	133 010	143 010	641.43	448.05

（四）技术转移与成果转化

1. 学校设置专门技术转化机构和网站情况

表6-66　不同类型普通高校设置专门技术转化机构及网站情况

高校类型	2019年				2018年			
	机构数（个）	专职工作人员数（人）	兼职工作人员数（人）	学校设置专门技术转化网站数（个）	机构数（个）	专职工作人员数（人）	兼职工作人员数（人）	学校设置专门技术转化网站数（个）
综合大学	547	2870	4445	326	500	2471	4893	338
理工院校	828	3975	6952	387	849	3664	7043	364
农业院校	93	380	668	53	71	302	446	48
林业院校	12	39	68	3	14	43	101	5
医药院校	85	305	438	47	79	279	415	35
师范院校	163	506	1115	67	134	368	870	66
语文院校	24	35	43	12	28	45	53	12
财经院校	94	238	536	46	88	219	597	46

高校类型	2019年				2018年			
	机构数（个）	专职工作人员数（人）	兼职工作人员数（人）	学校设置专门技术转化网站数（个）	机构数（个）	专职工作人员数（人）	兼职工作人员数（人）	学校设置专门技术转化网站数（个）
政法院校	11	80	63	4	9	65	33	1
体育院校	9	23	24	4	9	26	27	4
艺术院校	33	95	121	12	24	162	137	16
民族院校	7	13	24	3	8	16	16	2
总计	1906	8559	14 497	964	1813	7660	14 631	937

表6-67 不同规格普通高校设置专门技术转化机构及网站情况

高校规格	2019年				2018年			
	机构数（个）	专职工作人员数（人）	兼职工作人员数（人）	学校设置专门技术转化网站数（个）	机构数（个）	专职工作人员数（人）	兼职工作人员数（人）	学校设置专门技术转化网站数（个）
本科	1381	6846	11 343	718	1299	6187	12 027	698
其中：独立学院	68	169	265	34	67	204	247	39
专科	525	1713	3154	246	514	1473	2604	239
总计	1906	8559	14 497	964	1813	7660	14 631	937

表6-68 不同隶属普通高校设置专门技术转化机构及网站情况

高校隶属	2019年				2018年			
	机构数（个）	专职工作人员数（人）	兼职工作人员数（人）	学校设置专门技术转化网站数（个）	机构数（个）	专职工作人员数（人）	兼职工作人员数（人）	学校设置专门技术转化网站数（个）
中央	233	2829	2768	165	250	2493	2712	157
教育部	184	2296	2473	141	201	2146	2476	135
其他部门	49	533	295	24	49	347	236	22
地方	1441	5028	10 784	678	1334	4409	10 937	649
教育部门	1176	4111	9290	580	1109	3688	9625	538

续表

高校隶属	2019年				2018年			
	机构数（个）	专职工作人员数（人）	兼职工作人员数（人）	学校设置专门技术转化网站数（个）	机构数（个）	专职工作人员数（人）	兼职工作人员数（人）	学校设置专门技术转化网站数（个）
其他部门	241	867	1388	91	201	681	1216	104
具有法人资格的中外合作办学	7	12	23	3	8	5	23	3
地方企业	17	38	83	4	16	35	73	4
民办	232	702	945	121	229	758	982	131
总计	1906	8559	14 497	964	1813	7660	14 631	937

表6-69 按"双一流"建设项目分普通高校设置专门技术转化机构及网站情况

高校分类	2019年				2018年			
	机构数（个）	专职工作人员数（人）	兼职工作人员数（人）	学校设置专门技术转化网站数（个）	机构数（个）	专职工作人员数（人）	兼职工作人员数（人）	学校设置专门技术转化网站数（个）
"世界一流大学"建设高校	153	2192	2702	109	164	1873	2897	107
"世界一流学科"建设高校	158	1022	1445	110	122	685	1615	55
其他高校	1595	5345	10 350	745	1527	5102	10 119	775
总计	1906	8559	14 497	964	1813	7660	14 631	937

表6-70 不同地区普通高校设置专门技术转化机构及网站情况

地区	2019年				2018年			
	机构数（个）	专职工作人员数（人）	兼职工作人员数（人）	学校设置专门技术转化网站数（个）	机构数（个）	专职工作人员数（人）	兼职工作人员数（人）	学校设置专门技术转化网站数（个）
北 京	50	487	285	45	57	368	204	43
天 津	36	160	913	17	80	249	1157	16
河 北	49	200	406	31	48	173	444	30
山 西	23	53	79	8	19	88	68	11

地区	2019年				2018年			
	机构数（个）	专职工作人员数（人）	兼职工作人员数（人）	学校设置专门技术转化网站数（个）	机构数（个）	专职工作人员数（人）	兼职工作人员数（人）	学校设置专门技术转化网站数（个）
内蒙古	15	43	44	5	12	51	44	5
辽　宁	80	357	422	38	83	372	978	30
吉　林	45	187	635	20	40	169	541	20
黑龙江	72	308	259	18	39	274	267	19
上　海	33	239	301	22	30	148	330	23
江　苏	217	1556	3099	135	173	1420	2136	117
浙　江	330	645	1137	70	274	531	856	65
安　徽	55	168	569	29	47	143	416	23
福　建	90	252	485	68	83	178	416	61
江　西	51	186	244	35	64	220	198	38
山　东	87	415	853	52	82	324	1291	44
河　南	89	653	1501	44	87	394	1752	49
湖　北	50	253	496	35	81	286	398	42
湖　南	72	175	412	43	72	201	509	40
广　东	115	383	558	63	116	599	725	64
广　西	31	95	139	9	26	66	191	26
海　南	6	12	14	5	8	11	11	5
重　庆	50	253	351	22	29	137	367	18
四　川	67	368	366	68	76	384	390	61
贵　州	23	95	122	7	21	62	100	7
云　南	24	187	152	12	29	168	209	8
西　藏	2	1	4	0	2	2	0	1
陕　西	94	723	446	47	86	509	425	46
甘　肃	27	73	114	13	29	88	141	19
青　海	4	9	41	0	4	8	15	0
宁　夏	5	10	14	1	3	4	15	2
新　疆	14	13	36	2	13	33	37	4
总　计	1906	8559	14 497	964	1813	7660	14 631	937

2. 学校科技成果转化情况

表6-71　不同类型普通高校科技成果转化情况

高校类型	2019年			2018年		
	依托本单位科技成果成立的企业数（个）	本年以本单位知识产权作价投资形式注册的企业数（个）	本年以本单位知识产权作价投资合计折价金额（亿元）	依托本单位科技成果成立的企业数（个）	本年以本单位知识产权作价投资形式注册的企业数（个）	本年以本单位知识产权作价投资合计折价金额（亿元）
综合大学	1458	130	9.58	1476	105	38.28
理工院校	2700	241	77.12	2745	234	18.56
农业院校	152	9	0.12	274	5	0.50
林业院校	7	0	0.00	7	0	0.00
医药院校	85	6	0.18	127	5	0.35
师范院校	300	41	0.38	329	17	0.22
语文院校	11	0	0.19	12	2	0.12
财经院校	97	20	0.08	90	18	0.11
政法院校	2	0	0.00	0	0	0.02
体育院校	1	0	0.00	71	0	0.00
艺术院校	42	2	0.05	15	3	0.06
民族院校	9	1	0.05	8	0	0.00
总计	4864	450	87.75	5154	389	58.21

表6-72　不同规格普通高校科技成果转化情况

高校规格	2019年			2018年		
	依托本单位科技成果成立的企业数（个）	本年以本单位知识产权作价投资形式注册的企业数（个）	本年以本单位知识产权作价投资合计折价金额（亿元）	依托本单位科技成果成立的企业数（个）	本年以本单位知识产权作价投资形式注册的企业数（个）	本年以本单位知识产权作价投资合计折价金额（亿元）
本科	4323	409	87.42	4479	350	57.13
其中：独立学院	89	29	0.04	63	16	0.03
专科	541	41	0.33	675	39	1.08
总计	4864	450	87.75	5154	389	58.21

表6-73 不同隶属普通高校科技成果转化情况

高校隶属	2019年			2018年		
	依托本单位科技成果成立的企业数（个）	本年以本单位知识产权作价投资形式注册的企业数（个）	本年以本单位知识产权作价投资合计折价金额（亿元）	依托本单位科技成果成立的企业数（个）	本年以本单位知识产权作价投资形式注册的企业数（个）	本年以本单位知识产权作价投资合计折价金额（亿元）
中央	1492	141	13.51	1487	152	49.22
教育部	1276	117	11.35	1203	110	43.24
其他部门	216	24	2.17	284	42	5.98
地方	3100	254	73.80	3462	199	8.35
教育部门	2886	245	73.66	3133	171	7.61
其他部门	210	9	0.11	324	28	0.74
具有法人资格的中外合作办学	2	0	0.00	2	0	0.00
地方企业	2	0	0.02	3	0	0.00
民办	272	55	0.44	205	38	0.64
总计	4864	450	87.75	5154	389	58.21

表6-74 按"双一流"建设项目分普通高校科技成果转化情况

高校分类	2019年			2018年		
	依托本单位科技成果成立的企业数（个）	本年以本单位知识产权作价投资形式注册的企业数（个）	本年以本单位知识产权作价投资合计折价金额（亿元）	依托本单位科技成果成立的企业数（个）	本年以本单位知识产权作价投资形式注册的企业数（个）	本年以本单位知识产权作价投资合计折价金额（亿元）
"世界一流大学"建设高校	1204	115	11.22	1213	116	47.83
"世界一流学科"建设高校	607	77	62.79	468	26	1.40
其他高校	3053	258	13.74	3473	247	8.97
总计	4864	450	87.75	5154	389	58.21

表6-75　不同地区普通高校科技成果转化情况

地区	2019年			2018年		
	依托本单位科技成果成立的企业数（个）	本年以本单位知识产权作价投资形式注册的企业数（个）	本年以本单位知识产权作价投资合计折价金额（亿元）	依托本单位科技成果成立的企业数（个）	本年以本单位知识产权作价投资形式注册的企业数（个）	本年以本单位知识产权作价投资合计折价金额（亿元）
北　京	334	57	64.15	221	45	5.18
天　津	86	2	0.04	156	1	1.38
河　北	178	3	0.03	162	4	0.02
山　西	33	3	0.36	32	1	0.00
内蒙古	13	0	0.00	8	0	0.00
辽　宁	190	13	4.59	196	13	4.37
吉　林	197	8	0.23	113	6	0.47
黑龙江	145	15	0.64	286	30	3.85
上　海	200	22	1.41	319	13	1.62
江　苏	706	76	2.22	604	41	31.56
浙　江	493	46	1.25	513	30	0.53
安　徽	68	7	0.09	91	9	0.50
福　建	110	7	0.25	87	17	0.30
江　西	72	8	0.42	141	5	0.20
山　东	244	55	1.71	331	13	1.34
河　南	95	8	0.38	161	28	0.21
湖　北	157	11	1.27	161	16	0.77
湖　南	284	16	3.36	150	18	1.99
广　东	356	46	1.56	398	30	1.45
广　西	18	3	0.01	20	1	0.00
海　南	19	1	0.05	31	1	0.00
重　庆	100	5	0.14	196	23	0.36
四　川	452	12	0.31	462	16	0.41
贵　州	28	1	0.01	49	2	0.00
云　南	18	1	0.02	22	5	0.09
西　藏	0	0	0.00	0	0	0.00

地区	2019年			2018年		
	依托本单位科技成果成立的企业数（个）	本年以本单位知识产权作价投资形式注册的企业数（个）	本年以本单位知识产权作价投资合计折价金额（亿元）	依托本单位科技成果成立的企业数（个）	本年以本单位知识产权作价投资形式注册的企业数（个）	本年以本单位知识产权作价投资合计折价金额（亿元）
陕　西	203	21	3.18	164	17	1.40
甘　肃	54	2	0.05	58	2	0.00
青　海	4	0	0.00	4	0	0.00
宁　夏	1	1	0.01	0	0	0.00
新　疆	6	0	0.00	18	2	0.20
总　计	4864	450	87.75	5154	389	58.21

七、高校教师参与创新情况

监测结果显示，2019年，在同时担任教学和科研工作的高校教师中，平均每周花费45.5%的时间用于教学活动，30.3%的时间用于自己的科研及学术工作，17.6%的时间用于直接指导学生的科研及创新创业活动，6.7%的时间用于社会服务。66.9%的教师认为科研工作对开展教学有比较大或非常大的促进作用，43.1%的教师认为教学工作对开展科研有比较大或非常大的促进作用。有86.9%和77.8%的教师吸纳过本科生和研究生参与科研项目，教师普遍认为参与科研对本科生养成科学严谨的态度及责任感、与人合作的能力、创新能力帮助较大或很大。有61.2%的教师与政府部门、企事业单位开展合作，共同培养学生，43.6%的教师表示效果较好或很好。75.3%的教师参与过多学科、跨学科或交叉学科合作培养学生，57.6%的教师表示效果较好或很好。

2019年，有36.4%的教师承担了横向项目[①]，17.1%的项目合同金额在10万元以上；有63.8%的高校教师承担了纵向项目，29.3%的项目合同金额在10万元以上。58.6%的高校教师与企业、政府部门或事业单位合作开展过科研创新，71.8%的教师参与过跨学科、交叉学科或多学科合作的科研项目，46.6%的高校教师有过与国外学者合作开展科研工作的经历。

2019年，有5.8%的教师实现了创新成果转化，同时25.9%的教师有创新成果需要转化，在实现了创新成果转化的教师中，18.2%表示转化收益比较大或非常大。

对于学术生活的压力来源，分别有73.8%和60.6%的教师表示压力来源于科研和事

---

① 横向项目是指企事业单位、兄弟单位委托的各类科技开发、科技服务、科学研究等方面的项目，以及政府部门非常规申报渠道下达的项目。

务性工作。教师认为目前职称评聘中最重视的因素是纵向科研项目数量与金额，而最应该重视的因素是课堂教学评价结果。对于高校对专任教师开展的分类聘任与评价，有68.7%的教师表示同意。分别有72.6%和59.5%的教师表示学校建立了科技成果转化收益分配制度和科技成果转化纳入职称评定制度。50.3%的教师对职业感到满意。

（一）科技育人工作

1. 对科研、教学和社会服务工作的投入

表7-1　按高校类型分高校教师每周教学、科研和社会服务时间的人员分布（2018年）

单位：%

活动类型	高校类型	平均每周花费相应时间的教师比例				
		5小时及以下	5～12小时	13～20小时	21～30小时	30小时以上
教学	理工院校	1.5	2.0	7.3	22.0	67.2
	农林院校	1.5	2.8	8.3	24.0	63.3
	医药院校	2.7	4.7	9.7	18.7	64.3
	综合大学	1.6	2.8	8.7	20.6	66.4
	其他高校	1.7	1.8	6.3	16.4	73.8
	总计	1.7	2.4	7.7	20.4	67.8
自己的科研及学术工作	理工院校	2.7	8.8	21.7	32.7	34.2
	农林院校	1.9	7.2	19.9	34.0	37.0
	医药院校	3.4	8.9	24.7	32.2	30.8
	综合大学	2.9	8.2	20.9	29.9	38.1
	其他高校	3.9	11.5	26.2	29.4	28.9
	总计	3.0	9.1	22.6	31.5	33.8
直接指导学生的科研及创新创业活动	理工院校	10.2	26.3	37.6	20.5	5.4
	农林院校	9.1	27.0	36.2	20.4	7.4
	医药院校	17.0	26.3	30.7	18.7	7.2
	综合大学	10.5	28.0	35.2	18.6	7.7
	其他高校	12.5	31.6	35.8	14.8	5.4
	总计	11.3	27.8	35.9	18.7	6.2

续表

活动 类型	高校 类型	平均每周花费相应时间的教师比例				
		5小时及以下	5～12小时	13～20小时	21～30小时	30小时以上
社会 服务	理工院校	54.5	31.9	9.6	3.2	0.7
	农林院校	54.1	34.7	8.4	1.9	0.9
	医药院校	60.0	24.0	10.5	3.8	1.7
	综合大学	56.4	31.7	8.9	2.2	0.9
	其他高校	54.5	33.5	8.5	2.1	1.4
	总计	55.4	31.7	9.2	2.7	1.0

表7-2 按高校隶属分高校教师每周教学、科研和社会服务时间的人员分布（2018年）

单位：%

活动类型	高校隶属	平均每周花费相应时间的教师比例				
		5小时以下	5～12小时	13～20小时	21～30小时	30小时以上
教学	中央	3.0	4.5	13.8	31.2	47.6
	中央教育部门	2.9	5.0	13.4	31.7	46.9
	中央其他部门	3.1	2.6	15.0	29.0	50.3
	地方	1.5	2.1	6.9	19.1	70.4
	地方教育部门	1.6	2.2	7.3	19.8	1.6
	地方其他部门	0.2	1.2	1.1	7.7	0.2
	民办	0.9	1.5	1.2	5.3	0.9
	总计	1.7	2.4	7.7	20.4	67.8
自己的科研及 学术工作	中央	1.2	3.2	12.7	31.7	51.2
	中央教育部门	1.2	3.2	12.2	31.7	51.8
	中央其他部门	1.3	3.4	14.2	31.9	49.2
	地方	3.0	9.6	23.7	31.8	31.9
	地方教育部门	2.8	8.9	23.0	32.2	33.1
	地方其他部门	7.6	19.9	34.9	25.3	12.3
	民办	10.2	25.4	38.9	21.1	4.4
	总计	3.0	9.1	22.6	31.5	33.8

活动类型	高校隶属	平均每周花费相应时间的教师比例				
		5小时以下	5～12小时	13～20小时	21～30小时	30小时以上
直接指导学生的科研及创新创业活动	中央	6.9	21.7	34.8	25.2	11.4
	中央教育部门	6.6	22.2	34.8	24.8	11.6
	中央其他部门	8.0	19.7	34.5	26.9	10.9
	地方	11.6	28.4	36.4	18.1	5.5
	地方教育部门	11.1	27.8	36.7	18.7	5.6
	地方其他部门	20.5	38.3	31.2	7.4	2.6
	民办	24.3	40.1	26.9	6.1	2.6
	总计	11.3	27.8	35.9	18.7	6.2
社会服务	中央	55.1	32.8	8.9	2.2	1.0
	中央教育部门	55.0	32.7	9.1	2.3	0.9
	中央其他部门	55.7	32.9	8.3	1.8	1.3
	地方	55.7	31.2	9.2	2.8	1.0
	地方教育部门	56.1	31.0	9.2	2.8	0.9
	地方其他部门	49.5	35.3	10.2	2.8	2.2
	民办	45.3	40.6	10.2	2.6	1.2
	总计	55.4	31.7	9.2	2.7	1.0

表7-3 按"双一流"建设项目分高校教师每周教学、科研和社会服务时间的人员分布（2018年）

单位：%

活动类型	高校分类	平均每周花费相应时间的教师比例				
		5小时以下	5～12小时	13～20小时	21～30小时	30小时以上
教学	"双一流"建设高校*	2.6	4.0	12.3	27.7	53.4
	其他高校	1.3	1.8	6.0	17.7	73.2
	总计	1.7	2.4	7.7	20.4	67.8
自己的科研及学术工作	"双一流"建设高校*	1.8	4.8	17.2	31.8	44.5
	其他高校	3.4	10.7	24.6	31.4	29.8
	总计	3.0	9.1	22.6	31.5	33.8

续表

活动类型	高校分类	平均每周花费相应时间的教师比例				
		5小时以下	5～12小时	13～20小时	21～30小时	30小时以上
直接指导学生的科研及创新创业活动	"双一流"建设高校	7.2	22.7	35.4	23.9	10.8
	其他高校	12.8	29.7	36.1	16.8	4.5
	总计	11.3	27.8	35.9	18.7	6.2
社会服务	"双一流"建设高校	55.3	30.8	10.2	2.7	1.0
	其他高校	55.4	32.0	8.8	2.7	1.0
	总计	55.4	31.7	9.2	2.7	1.0

* 进入"世界一流大学"及"世界一流学科"建设项目的高校简称为"双一流"建设高校。下同。

2. 对教学科研关系的态度

表7-4 按高校类型分普通本科高校教师科研工作对开展教学的促进作用（2018—2019年）

单位：%

高校类型	教师科研工作对开展教学的促进作用									
	2019年					2018年				
	几乎没有	比较小	一般	比较大	非常大	几乎没有	比较小	一般	比较大	非常大
理工院校	1.5	6.9	23.6	47.1	20.8	1.9	7.1	23.4	46.3	21.3
农林院校	1.1	5.7	21.1	48.2	23.9	2.1	5.2	20.5	48.6	23.6
医药院校	1.9	8.7	25.5	44.8	19.1	2.4	8.1	32.0	41.8	15.7
综合大学	2.1	7.7	22.8	45.6	21.9	1.6	7.4	23.4	46.5	21.0
其他高校	1.7	8.2	26.5	44.2	19.4	2.2	9.0	25.7	43.8	19.4
总计	1.7	7.4	24.0	46.0	20.9	2.0	7.5	24.4	45.6	20.5

注：表中数据为教师对科研工作对开展教学促进作用的主观感受。下同。

表7-5 按高校隶属分普通本科高校教师科研工作对开展教学的促进作用（2018—2019年）

单位：%

| 高校隶属 | 教师科研工作对开展教学的促进作用 | | | | | | | | | |
| | 2019年 | | | | | 2018年 | | | | |
	几乎没有	比较小	一般	比较大	非常大	几乎没有	比较小	一般	比较大	非常大
中央	0.9	5.0	18.6	49.7	25.8	1.0	5.0	19.6	47.2	27.1
中央教育部门	0.9	5.0	19.2	49.5	25.4	1.1	5.1	19.9	47.5	26.3
中央其他部门	0.8	5.0	15.7	50.5	28.0	1.0	4.7	18.1	46.1	30.1
地方	1.7	7.7	24.6	45.6	20.4	2.1	7.9	25.2	45.3	19.6
地方教育部门	1.7	7.7	24.5	45.6	20.5	2.0	7.8	24.9	45.5	19.7
地方其他部门	3.3	7.5	28.7	45.2	15.3	2.6	8.6	29.6	41.4	17.7
民办	3.7	12.1	31.6	40.3	12.3	3.2	7.9	27.5	47.1	14.3
总计	1.7	7.4	24.0	46.0	20.9	2.0	7.5	24.4	45.6	20.5

表7-6 按"双一流"建设项目分普通本科高校教师科研工作对开展教学的促进作用（2018—2019年）

单位：%

| 高校分类 | 教师科研工作对开展教学的促进作用 | | | | | | | | | |
| | 2019年 | | | | | 2018年 | | | | |
	几乎没有	比较小	一般	比较大	非常大	几乎没有	比较小	一般	比较大	非常大
"双一流"建设高校	1.2	5.2	19.5	48.3	25.8	1.3	5.7	22.8	46.0	24.2
其他高校	1.8	8.2	25.6	45.2	19.2	2.2	8.1	25.1	45.4	19.1
总计	1.7	7.4	24.0	46.0	20.9	2.0	7.5	24.4	45.6	20.5

表7-7 按高校类型分普通本科高校教师教学对科研工作的促进作用（2018—2019年）

单位：%

| 高校类型 | 教师教学对科研工作的促进作用 | | | | | | | | | |
| | 2019年 | | | | | 2018年 | | | | |
	几乎没有	比较小	一般	比较大	非常大	几乎没有	比较小	一般	比较大	非常大
理工院校	4.5	15.4	37.3	34.6	8.2	5.1	15.5	38.0	33.4	8.0
农林院校	3.4	15.7	35.8	36.6	8.6	5.8	13.1	34.6	37.9	8.6

续表

高校类型	教师教学对科研工作的促进作用									
	2019年					2018年				
	几乎没有	比较小	一般	比较大	非常大	几乎没有	比较小	一般	比较大	非常大
医药院校	4.4	11.5	36.8	36.8	10.5	4.8	14.3	41.7	31.3	7.9
综合大学	4.7	14.8	38.2	33.7	8.6	5.5	15.6	36.3	34.1	8.6
其他高校	4.8	15.5	37.9	34.3	7.5	5.1	15.1	34.6	36.1	9.0
总计	4.5	14.9	37.5	34.7	8.4	5.2	15.1	37.0	34.3	8.4

表7-8 按高校隶属分普通本科高校教师教学对科研工作的促进作用（2018—2019年）

单位：%

高校隶属	教师教学对科研工作的促进作用									
	2019年					2018年				
	几乎没有	比较小	一般	比较大	非常大	几乎没有	比较小	一般	比较大	非常大
中央	3.0	13.7	36.9	36.4	9.9	4.9	15.0	35.2	35.0	9.9
中央教育部门	3.1	14.1	37.0	36.2	9.6	4.9	15.0	36.3	34.3	9.5
中央其他部门	2.6	11.8	36.6	37.7	11.3	4.7	14.8	31.3	37.6	11.7
地方	4.8	15.3	37.6	34.3	8.1	5.4	15.3	37.4	33.8	8.1
地方教育部门	4.8	15.4	37.6	34.2	8.0	5.4	15.4	37.4	33.9	8.0
地方其他部门	3.9	12.3	37.1	36.8	9.9	5.7	13.6	37.8	33.5	9.4
民办	4.0	11.2	36.9	37.7	10.1	2.3	10.2	30.7	46.5	10.2
总计	4.5	14.9	37.5	34.7	8.4	5.2	15.1	37.0	34.3	8.4

表7-9 按"双一流"建设项目分普通本科高校教师教学对科研工作的促进作用（2018—2019年）

单位：%

高校分类	教师教学对科研工作的促进作用									
	2019年					2018年				
	几乎没有	比较小	一般	比较大	非常大	几乎没有	比较小	一般	比较大	非常大
"双一流"建设高校	4.2	13.7	36.2	36.0	9.9	5.4	14.8	37.2	33.5	9.1
其他高校	4.6	15.4	37.9	34.2	7.9	5.2	15.2	36.9	34.6	8.1
总计	4.5	14.9	37.5	34.7	8.4	5.2	15.1	37.0	34.3	8.4

表7-10 按高校类型分普通本科高校教师对平衡教学与科研的看法（2018—2019年）

单位：%

高校类型	教师对平衡教学与科研的看法									
	2019年					2018年				
	非常容易	比较容易	一般	比较困难	非常困难	非常容易	比较容易	一般	比较困难	非常困难
理工院校	3.7	28.7	38.9	25.0	3.8	2.9	25.9	38.8	27.5	4.8
农林院校	5.1	30.3	38.3	23.0	3.2	3.1	26.8	35.1	29.7	5.2
医药院校	3.7	26.3	38.3	27.7	4.0	4.2	24.0	42.5	24.8	4.6
综合大学	3.8	28.6	39.5	24.1	4.0	2.8	26.2	40.2	26.6	4.2
其他高校	2.5	25.6	40.8	27.0	4.2	3.3	23.3	41.6	26.4	5.4
总计	3.6	27.9	39.3	25.3	3.9	3.1	25.3	39.7	27.0	4.8

表7-11 按高校隶属分普通本科高校教师对平衡教学与科研的看法（2018—2019年）

单位：%

高校隶属	教师对平衡教学与科研的看法									
	2019年					2018年				
	非常容易	比较容易	一般	比较困难	非常困难	非常容易	比较容易	一般	比较困难	非常困难
中央	5.3	38.0	36.9	17.5	2.3	3.7	33.3	37.8	21.7	3.4
中央教育部门	5.2	37.5	37.1	18.0	2.2	3.2	33.4	38.8	20.9	3.6
中央其他部门	5.8	40.3	36.1	14.9	2.9	5.4	32.9	34.2	24.6	2.8
地方	3.4	26.7	39.4	26.5	4.1	3.1	24.4	39.7	27.7	5.1
地方教育部门	3.4	26.8	39.3	26.4	4.0	3.2	24.7	39.6	27.5	4.9
地方其他部门	1.5	22.8	41.0	29.3	5.4	1.4	18.5	41.0	30.9	8.2
民办	2.0	16.0	48.3	27.2	6.4	0.9	13.7	49.1	32.7	3.5
总计	3.6	27.9	39.3	25.3	3.9	3.1	25.3	39.7	27.0	4.8

表7-12　按"双一流"建设项目分普通本科高校教师对平衡教学与科研的看法（2018—2019年）

单位：%

高校分类	教师对平衡教学与科研的看法									
	2019年					2018年				
	非常容易	比较容易	一般	比较困难	非常困难	非常容易	比较容易	一般	比较困难	非常困难
"双一流"建设高校	5.0	35.6	37.5	19.2	2.7	3.3	28.8	40.3	24.0	3.7
其他高校	3.1	25.2	40.0	27.4	4.3	3.1	24.0	39.5	28.2	5.2
总计	3.6	27.9	39.3	25.3	3.9	3.1	25.3	39.7	27.0	4.8

表7-13　按高校类型分普通本科高校教师将科研成果转化为教学资源情况（2018—2019年）

单位：%

高校类型	教师将科研成果转化为教学资源情况									
	2019年					2018年				
	几乎没有	比较少	一般	比较多	非常多	几乎没有	比较少	一般	比较多	非常多
理工院校	3.6	17.9	40.1	33.2	5.2	3.7	18.7	40.6	32.7	4.3
农林院校	2.4	16.0	38.3	36.8	6.4	3.5	16.6	36.7	37.0	6.2
医药院校	6.4	22.8	41.4	26.0	3.3	6.7	23.5	43.9	22.9	3.0
综合大学	3.8	19.6	38.7	32.3	5.5	3.7	20.1	39.5	32.1	4.7
其他高校	3.7	20.7	40.4	30.6	4.6	4.1	20.8	42.6	28.6	3.9
总计	3.9	19.2	39.8	32.0	5.1	4.0	19.7	40.8	31.1	4.4

表7-14　按高校隶属分普通本科高校教师将科研成果转化为教学资源情况（2018—2019年）

单位：%

高校隶属	教师将科研成果转化为教学资源情况									
	2019年					2018年				
	几乎没有	比较少	一般	比较多	非常多	几乎没有	比较少	一般	比较多	非常多
中央	1.9	13.4	34.7	42.4	7.6	2.3	14.9	37.5	39.8	5.5
中央教育部门	2.0	13.4	34.7	42.3	7.7	2.2	15.1	38.3	39.2	5.1
中央其他部门	1.3	13.9	34.6	42.7	7.6	2.6	14.2	34.5	42.0	6.7
地方	4.1	20.0	40.4	30.8	4.7	4.3	20.2	41.1	30.1	4.3

高校隶属	教师将科研成果转化为教学资源情况									
	2019年					2018年				
	几乎没有	比较少	一般	比较多	非常多	几乎没有	比较少	一般	比较多	非常多
地方教育部门	4.0	20.0	40.3	30.9	4.8	4.2	20.1	40.5	30.8	4.3
地方其他部门	6.3	20.1	44.3	26.9	2.4	5.6	21.8	50.3	19.3	3.1
民办	7.5	24.6	45.2	19.9	2.8	5.0	27.8	47.1	18.7	1.5
总计	3.9	19.2	39.8	32.0	5.1	4.0	19.7	40.8	31.1	4.4

表7-15 按"双一流"建设项目分普通本科高校教师将科研成果转化为教学资源情况（2018—2019年）

单位：%

高校分类	教师将科研成果转化为教学资源情况									
	2019年					2018年				
	几乎没有	比较少	一般	比较多	非常多	几乎没有	比较少	一般	比较多	非常多
"双一流"建设高校	2.1	14.9	35.6	39.7	7.6	2.8	16.3	38.9	36.8	5.2
其他高校	4.5	20.7	41.3	29.3	4.2	4.5	20.9	41.5	29.0	4.0
总计	3.9	19.2	39.8	32.0	5.1	4.0	19.7	40.8	31.1	4.4

表7-16 按高校类型分普通本科高校教师开展与教学水平提升或

教学改革相关的科研情况（2018—2019年）

单位：%

高校类型	教师开展与教学水平提升或教学改革相关的科研情况									
	2019年					2018年				
	几乎没有	比较少	一般	比较多	非常多	几乎没有	比较少	一般	比较多	非常多
理工院校	8.2	23.5	40.3	25.2	2.7	8.2	26.1	39.4	23.9	2.4
农林院校	7.3	26.0	40.0	24.4	2.2	9.2	26.9	38.1	23.3	2.5
医药院校	11.7	25.5	37.7	22.3	2.9	10.8	26.5	42.5	18.6	1.6
综合大学	10.0	27.0	37.0	23.5	2.5	10.1	27.2	38.6	21.2	2.8
其他高校	8.6	23.5	42.7	22.8	2.5	8.3	25.2	40.3	23.4	2.7
总计	9.0	24.8	39.7	23.9	2.6	8.9	26.3	39.6	22.7	2.5

表7-17 按高校隶属分普通本科高校教师开展与教学水平提升或教学改革相关的
科研情况（2018—2019年）

单位：%

高校隶属	教师开展与教学水平提升或教学改革相关的科研情况									
	2019年					2018年				
	几乎没有	比较少	一般	比较多	非常多	几乎没有	比较少	一般	比较多	非常多
中央	10.4	24.5	35.1	26.5	3.4	11.2	28.0	35.0	23.6	2.2
中央教育部门	9.9	24.6	36.1	26.1	3.3	11.6	29.2	34.3	22.5	2.5
中央其他部门	13.1	23.8	29.8	29.1	4.2	9.6	23.6	37.6	28.0	1.3
地方	8.9	25.0	40.0	23.6	2.5	8.7	26.0	40.3	22.5	2.6
地方教育部门	9.1	25.2	39.9	23.4	2.5	8.8	26.5	39.9	22.3	2.5
地方其他部门	2.1	18.3	46.4	31.7	1.5	6.9	19.1	46.1	24.4	3.4
民办	5.3	20.0	51.7	20.6	2.4	5.6	24.6	42.4	25.4	2.0
总计	9.0	24.8	39.7	23.9	2.6	8.9	26.3	39.6	22.7	2.5

表7-18 按"双一流"建设项目分普通本科高校教师开展与教学水平提升或教学改革相关的
科研情况（2018—2019年）

单位：%

高校分类	教师开展与教学水平提升或教学改革相关的科研情况									
	2019年					2018年				
	几乎没有	比较少	一般	比较多	非常多	几乎没有	比较少	一般	比较多	非常多
"双一流"建设高校	11.2	26.3	35.1	24.4	3.0	10.5	27.4	37.3	22.5	2.2
其他高校	8.2	24.2	41.4	23.7	2.5	8.3	25.8	40.5	22.8	2.6
总计	9.0	24.8	39.7	23.9	2.6	8.9	26.3	39.6	22.7	2.5

表7-19 影响普通本科高校教师对科研和教学工作精力分配的因素（2018—2019年）

单位：%

影响因素	2019年					2018年				
	无影响	较小	一般	较大	很大	无影响	很小	较小	较大	很大
个人兴趣及偏好	7.4	15.5	23.5	40.5	13.1	8.3	16.8	23.9	38.3	12.7
学科性质	4.0	9.8	26.6	47.9	11.7	3.9	10.6	27.7	46.2	11.6

影响因素	2019年					2018年				
	无影响	较小	一般	较大	很大	无影响	很小	较小	较大	很大
国家政策导向	2.7	8.9	28.0	44.6	15.7	3.0	10.6	27.5	43.4	15.6
教学或科研经费数量	2.4	8.5	24.8	44.5	19.8	2.5	9.1	24.7	42.6	21.1
学校职称评聘制度	1.9	4.3	17.4	44.0	32.3	1.9	5.0	17.6	41.3	34.2
学校绩效激励制度	1.8	6.4	22.7	43.2	25.9	1.9	6.6	21.8	41.9	27.8
学术同行的认可	2.7	8.8	29.4	42.7	16.5	2.8	8.6	28.5	41.8	18.3
学生的需求	2.5	9.4	29.1	43.0	15.9	2.7	10.5	30.6	40.7	15.4

表7-20　按高校类型分普通本科高校教师对"要成为一名优秀的大学教师，就必须进行科研"的态度
（2018—2019年）

单位：%

高校类型	教师对"要成为一名优秀的大学教师，就必须进行科研"的态度									
	2019年					2018年				
	不同意	较不同意	中立	比较同意	非常同意	不同意	较不同意	中立	比较同意	非常同意
理工院校	4.6	6.0	21.2	37.6	30.6	4.8	7.3	21.8	37.6	28.5
农林院校	4.5	6.4	20.7	35.8	32.7	5.3	8.2	21.1	36.9	28.5
医药院校	6.0	9.0	25.0	35.9	24.1	7.5	10.1	29.1	32.1	21.2
综合大学	5.0	7.0	21.2	37.0	29.9	5.2	7.7	21.6	37.1	28.4
其他高校	4.7	7.1	22.1	36.1	30.0	5.1	7.1	22.9	37.0	27.9
总计	4.8	6.8	21.7	36.8	29.9	5.2	7.7	22.6	36.8	27.6

表7-21　按高校隶属分普通本科高校教师对"要成为一名优秀的大学教师，就必须进行科研"的态度
（2018—2019年）

单位：%

高校隶属	教师对"要成为一名优秀的大学教师，就必须进行科研"的态度									
	2019年					2018年				
	不同意	较不同意	中立	比较同意	非常同意	不同意	较不同意	中立	比较同意	非常同意
中央	3.7	6.3	19.3	35.4	35.3	3.9	6.8	18.6	39.8	30.9
中央教育部门	3.7	6.2	19.3	35.9	35.0	4.2	6.6	18.8	39.3	31.2
中央其他部门	3.9	7.1	19.4	33.0	36.6	2.8	7.5	18.1	41.7	29.8

续表

高校隶属	教师对"要成为一名优秀的大学教师，就必须进行科研"的态度									
	2019年					2018年				
	不同意	较不同意	中立	比较同意	非常同意	不同意	较不同意	中立	比较同意	非常同意
地方	5.0	6.9	21.7	37.1	29.4	5.5	7.9	23.2	36.1	27.3
地方教育部门	5.0	6.9	21.7	37.0	29.5	5.4	7.9	23.0	36.3	27.5
地方其他部门	6.0	6.6	22.5	38.3	26.6	6.6	8.5	25.9	33.8	25.2
民办	5.1	6.8	32.7	36.4	18.9	4.7	6.1	26.6	41.8	20.8
总计	4.8	6.8	21.7	36.8	29.9	5.2	7.7	22.6	36.8	27.6

表7-22 按"双一流"建设项目分普通本科高校教师对"要成为一名优秀的大学教师，就必须进行科研"的态度（2018—2019年）

单位：%

高校分类	教师对"要成为一名优秀的大学教师，就必须进行科研"的态度									
	2019年					2018年				
	不同意	较不同意	中立	比较同意	非常同意	不同意	较不同意	中立	比较同意	非常同意
"双一流"建设高校	3.6	6.1	18.4	36.8	35.0	4.3	7.1	21.1	37.1	30.4
其他高校	5.2	7.0	22.9	36.8	28.1	5.6	7.9	23.2	36.7	26.6
总计	4.8	6.8	21.7	36.8	29.9	5.2	7.7	22.6	36.8	27.6

3. 吸纳本科生、研究生参与科研项目的情况

表7-23 按高校类型分曾吸纳本科生参与科研项目的普通本科高校教师比例（2018—2019年）

单位：%

高校类型	2019年					2018年				
	从不	偶尔	有时	较多	经常	从不	偶尔	有时	较多	经常
理工院校	13.4	25.5	34.7	18.7	7.8	13.8	24.3	32.5	21.0	8.5
农林院校	7.9	18.2	33.1	26.3	14.5	6.2	18.0	31.2	29.1	15.5
医药院校	14.0	25.5	32.6	19.9	8.0	12.3	24.8	34.6	20.6	7.7
综合大学	11.5	24.3	32.4	21.4	10.5	11.4	23.1	31.9	22.6	11.0

高校类型	2019年					2018年				
	从不	偶尔	有时	较多	经常	从不	偶尔	有时	较多	经常
其他高校	16.5	28.3	30.3	16.4	8.6	17.8	27.8	31.2	15.9	7.3
总计	13.1	25.2	32.8	19.6	9.2	13.3	24.3	32.2	20.9	9.3

表7-24 按高校隶属分曾吸纳本科生参与科研项目的普通本科高校教师比例（2018—2019年）

单位：%

高校隶属	2019年					2018年				
	从不	偶尔	有时	较多	经常	从不	偶尔	有时	较多	经常
中央	11.0	20.9	33.5	22.3	12.3	9.8	21.3	32.2	25.0	11.8
中央教育部门	10.6	20.8	33.7	22.3	12.7	9.0	19.7	31.7	26.8	12.9
中央其他部门	13.1	21.7	32.5	22.3	10.5	12.7	27.2	34.2	18.4	7.5
地方	13.0	25.8	32.7	19.6	8.9	13.5	24.5	32.2	20.7	9.1
地方教育部门	12.8	25.6	32.9	19.7	9.0	13.2	24.2	32.3	21.0	9.3
地方其他部门	19.5	35.0	25.1	14.7	5.7	17.6	29.8	31.2	15.4	6.0
民办	27.2	27.4	31.4	10.3	3.7	27.5	31.6	30.7	8.2	2.0
总计	13.1	25.2	32.8	19.6	9.2	13.3	24.3	32.2	20.9	9.3

表7-25 按"双一流"建设项目分曾吸纳本科生参与科研项目的普通本科高校教师比例
（2018—2019年）

单位：%

高校分类	2019年					2018年				
	从不	偶尔	有时	较多	经常	从不	偶尔	有时	较多	经常
"双一流"建设高校	9.0	21.6	33.8	23.4	12.2	10.1	21.7	33.5	23.6	11.1
其他高校	14.6	26.4	32.5	18.3	8.2	14.6	25.2	31.7	19.9	8.6
总计	13.1	25.2	32.8	19.6	9.2	13.3	24.3	32.2	20.9	9.3

表7-26 按高校类型分曾吸纳研究生参与科研项目的普通本科高校教师比例（2018—2019年）

单位：%

高校类型	2019年					2018年				
	从不	偶尔	有时	较多	经常	从不	偶尔	有时	较多	经常
理工院校	19.2	10.7	13.5	26.3	30.3	20.5	10.3	13.6	27.1	28.4

续表

高校类型	2019年					2018年				
	从不	偶尔	有时	较多	经常	从不	偶尔	有时	较多	经常
农林院校	13.8	8.7	10.9	27.8	38.9	13.5	8.2	10.6	27.8	39.9
医药院校	20.1	13.8	13.9	24.7	27.5	24.7	11.5	19.6	20.2	23.9
综合大学	25.7	9.6	12.0	22.5	30.1	19.9	11.4	14.0	26.2	28.5
其他高校	27.5	14.8	16.4	21.6	19.7	28.8	16.4	18.1	20.0	16.7
总计	22.2	11.5	13.6	24.3	28.4	21.9	11.8	15.0	24.8	26.6

表7-27 按高校隶属分曾吸纳研究生参与科研项目的普通本科高校教师比例（2018—2019年）

单位：%

高校隶属	2019年					2018年				
	从不	偶尔	有时	较多	经常	从不	偶尔	有时	较多	经常
中央	5.5	6.4	10.8	31.2	46.1	5.0	6.1	11.8	32.2	44.9
中央教育部门	5.1	5.8	10.4	31.6	47.1	4.5	5.5	11.7	31.6	46.8
中央其他部门	7.1	9.4	12.8	29.6	41.1	6.7	8.5	12.4	34.5	37.8
地方	22.9	12.4	14.2	24.0	26.5	23.5	12.6	15.6	24.1	24.3
地方教育部门	21.7	12.4	14.4	24.4	27.1	20.9	12.4	15.8	25.2	25.7
地方其他部门	68.6	13.8	7.5	6.6	3.6	64.4	15.0	11.6	5.9	3.2
民办	77.0	9.4	9.0	3.1	1.5	60.5	15.8	12.3	9.9	1.5
总计	22.2	11.5	13.6	24.3	28.4	21.9	11.8	15.0	24.8	26.6

表7-28 按"双一流"建设项目分曾吸纳研究生参与科研项目的
普通本科高校教师比例（2018—2019年）

单位：%

高校分类	2019年					2018年				
	从不	偶尔	有时	较多	经常	从不	偶尔	有时	较多	经常
"双一流"建设高校	7.0	7.1	11.2	29.3	45.4	8.4	7.3	14.8	29.7	39.8
其他高校	27.6	13.0	14.4	22.6	22.5	26.9	13.4	15.0	23.0	21.6
总计	22.2	11.5	13.6	24.3	28.4	21.9	11.8	15.0	24.8	26.6

表7-29 教师对本科生参与科研项目的收获情况的看法（2018—2019年）

单位：%

本科生参与科研项目的主要工作	2019年					2018年				
	没有帮助	帮助较小	一般	帮助较大	帮助很大	没有帮助	帮助较小	一般	帮助较大	帮助很大
（1）科研创新成果的产出	7.0	39.6	35.8	14.2	3.4	7.5	39.0	35.8	14.4	3.3
（2）学生学科知识应用能力的提高	0.5	6.0	19.3	55.5	18.7	0.4	5.9	20.8	54.1	18.8
（3）学生自身创新能力的提高	0.4	4.8	19.5	54.3	20.9	0.5	5.2	19.9	53.4	21.0
（4）学生与人合作能力的提高	0.4	3.8	17.6	56.9	21.2	0.5	3.8	18.1	55.7	22.0
（5）学生科学严谨的态度及责任感	0.4	3.9	16.3	54.2	25.2	0.5	3.9	16.7	53.4	25.5
（6）指导教师的学术进步	7.2	24.9	35.4	26.5	6.1	6.9	23.2	35.8	27.3	6.8

表7-30 教师对硕士研究生参与科研项目的收获情况的看法（2018—2019年）

单位：%

研究生参与科研项目的主要工作	2019年					2018年				
	没有帮助	帮助较小	一般	帮助较大	帮助很大	没有帮助	帮助较小	一般	帮助较大	帮助很大
（1）科研创新成果的产出	0.8	7.5	26.1	47.0	18.6	1.2	8.4	26.7	46.2	17.6
（2）学生学科知识应用能力的提高	0.1	1.9	10.1	53.1	34.8	0.2	1.9	11.9	52.9	33.1
（3）学生自身创新能力的提高	0.2	1.6	10.6	51.1	36.6	0.3	1.8	11.8	51.1	35.1
（4）学生与人合作能力的提高	0.2	1.5	11.4	53.1	33.9	0.2	1.8	11.9	52.6	33.5
（5）学生科学严谨的态度及责任感	0.2	1.4	9.2	50.5	38.8	0.3	1.4	10.4	50.2	37.6
（6）指导教师的学术进步	1.4	7.7	25.6	46.3	19.1	1.3	7.5	25.1	46.7	19.3

表7-31 按高校类型分普通本科高校教师与政府部门、企业或事业单位开展合作、共同培养学生的频率（2018—2019年）

单位：%

高校类型	高校教师与政府部门、企业或事业单位开展合作、共同培养学生的频率									
	2019年					2018年				
	从不	偶尔	有时	较多	经常	从不	偶尔	有时	较多	经常
理工院校	33.5	28.5	23.0	11.6	3.4	33.3	28.5	22.1	12.7	3.3
农林院校	34.8	28.5	22.2	11.2	3.4	35.3	27.7	23.3	10.3	3.5
医药院校	52.9	23.3	16.0	6.3	1.6	51.5	22.6	18.9	5.7	1.4

续表

高校类型	高校教师与政府部门、企业或事业单位开展合作、共同培养学生的频率									
	2019年					2018年				
	从不	偶尔	有时	较多	经常	从不	偶尔	有时	较多	经常
综合大学	39.2	28.0	19.8	10.0	3.0	38.9	27.0	22.0	9.7	2.5
其他高校	42.3	29.9	19.2	7.0	1.7	38.8	31.8	19.5	8.4	1.5
总计	38.8	28.2	20.6	9.7	2.8	37.5	28.3	21.3	10.3	2.6

表7-32　按高校隶属分普通本科高校教师与政府部门、企业或事业单位开展合作、共同培养学生的频率（2018—2019年）

单位：%

高校隶属	高校教师与政府部门、企业或事业单位开展合作、共同培养学生的频率									
	2019年					2018年				
	从不	偶尔	有时	较多	经常	从不	偶尔	有时	较多	经常
中央	35.6	26.9	21.1	13.2	3.1	38.0	26.1	22.6	10.1	3.2
中央教育部门	35.0	26.6	21.5	13.6	3.3	38.3	25.4	23.2	9.7	3.4
中央其他部门	38.5	28.5	19.4	11.3	2.4	36.8	28.8	20.5	11.7	2.3
地方	39.2	28.3	20.7	9.1	2.7	37.9	28.3	21.0	10.3	2.5
地方教育部门	39.2	28.2	20.7	9.1	2.7	38.1	28.1	20.8	10.4	2.6
地方其他部门	37.4	31.7	20.1	8.7	2.1	35.2	31.5	23.5	8.5	1.4
民办	42.1	29.4	17.6	8.6	2.2	22.8	37.4	26.0	10.8	2.9
总计	38.8	28.2	20.6	9.7	2.8	37.5	28.3	21.3	10.3	2.6

表7-33　按"双一流"建设项目分普通本科高校教师与政府部门、企业或事业单位开展合作、共同培养学生的频率（2018—2019年）

单位：%

高校分类	高校教师与政府部门、企业或事业单位开展合作、共同培养学生的频率									
	2019年					2018年				
	从不	偶尔	有时	较多	经常	从不	偶尔	有时	较多	经常
"双一流"建设高校	36.3	26.8	21.4	11.7	3.8	36.7	26.7	23.6	10.2	2.8
其他高校	39.6	28.7	20.4	8.9	2.4	37.8	28.8	20.5	10.3	2.5
总计	38.8	28.2	20.6	9.7	2.8	37.5	28.3	21.3	10.3	2.6

表7-34　按高校类型分普通本科高校与政府部门、企业或事业单位合作
培养学生的效果（2018—2019年）

单位：%

| 高校类型 | 高校与政府部门、企业或事业单位合作培养学生的效果 | | | | | | | | | |
| | 2019年 | | | | | 2018年 | | | | |
	没有效果	效果不好	效果一般	效果较好	效果很好	没有效果	效果不好	效果一般	效果较好	效果很好
理工院校	2.5	6.9	45.1	41.1	4.4	3.1	7.5	44.0	40.7	4.7
农林院校	2.9	7.4	43.9	41.2	4.6	2.1	6.6	46.9	40.0	4.4
医药院校	4.0	6.9	45.2	38.9	4.9	5.3	7.1	50.6	33.4	3.6
综合大学	3.2	7.3	47.8	37.3	4.3	3.2	7.9	46.8	38.3	3.8
其他高校	3.4	7.2	47.9	37.9	3.6	3.7	7.6	47.0	37.2	4.5
总计	3.0	7.1	46.3	39.3	4.3	3.4	7.5	46.1	38.7	4.4

注：表中数据为教师对培养效果的主观看法。下同。

表7-35　按高校隶属分普通本科高校与政府部门、企业或事业单位
合作培养学生的效果（2018—2019年）

单位：%

| 高校隶属 | 高校与政府部门、企业或事业单位合作培养学生的效果 | | | | | | | | | |
| | 2019年 | | | | | 2018年 | | | | |
	没有效果	效果不好	效果一般	效果较好	效果很好	没有效果	效果不好	效果一般	效果较好	效果很好
中央	3.5	8.5	48.1	36.2	3.7	2.7	9.4	51.8	32.4	3.7
中央教育部门	3.6	8.6	48.6	35.7	3.5	2.7	9.6	52.3	31.9	3.5
中央其他部门	2.9	8.1	45.8	38.5	4.7	2.6	8.5	50.0	34.5	4.4
地方	3.0	7.0	46.3	39.6	4.2	3.6	7.3	45.5	39.3	4.4
地方教育部门	3.0	7.1	46.5	39.3	4.1	3.6	7.4	45.8	38.9	4.3
地方其他部门	2.7	4.8	36.5	48.5	7.5	2.9	5.6	40.1	45.7	5.7
民办	3.5	3.5	39.5	45.6	7.9	0.9	3.2	34.8	54.1	7.0
总计	3.0	7.1	46.3	39.3	4.3	3.4	7.5	46.1	38.7	4.4

表7-36 按"双一流"建设项目分普通本科高校与政府部门、企业或事业单位合作培养学生的效果
（2018—2019年）

单位：%

高校分类	高校与政府部门、企业或事业单位合作培养学生的效果									
	2019年					2018年				
	没有效果	效果不好	效果一般	效果较好	效果很好	没有效果	效果不好	效果一般	效果较好	效果很好
"双一流"建设高校	3.1	8.5	47.6	36.6	4.2	2.8	8.7	51.5	33.2	3.7
其他高校	3.0	6.6	45.8	40.3	4.3	3.6	7.0	44.0	40.8	4.6
总计	3.0	7.1	46.3	39.3	4.3	3.4	7.5	46.1	38.7	4.4

表7-37 按高校类型分普通本科高校教师参与多学科、跨学科或交叉学科人才
培养工作的频率（2018—2019年）

单位：%

高校类型	高校教师参与多学科、跨学科或交叉学科人才培养工作的频率									
	2019年					2018年				
	从不	偶尔	有时	较多	经常	从不	偶尔	有时	较多	经常
理工院校	23.1	32.6	27.7	13.2	3.5	22.5	32.1	28.5	13.3	3.5
农林院校	21.4	33.3	25.3	16.1	3.9	22.8	35.8	26.6	11.7	3.1
医药院校	26.1	32.4	25.0	12.6	3.9	27.2	32.8	26.6	10.8	2.7
综合大学	25.1	34.0	23.9	12.9	4.1	25.3	31.6	27.3	12.3	3.5
其他高校	27.7	34.3	25.0	10.5	2.5	24.7	35.2	26.5	11.1	2.4
总计	24.7	33.3	25.7	12.7	3.5	24.0	33.1	27.5	12.3	3.2

表7-38 按高校隶属分普通本科高校教师参与多学科、跨学科或交叉学科
人才培养工作的频率（2018—2019年）

单位：%

高校隶属	高校教师参与多学科、跨学科或交叉学科人才培养工作的频率									
	2019年					2018年				
	从不	偶尔	有时	较多	经常	从不	偶尔	有时	较多	经常
中央	21.5	29.5	27.1	16.8	5.2	22.6	31.0	27.3	14.0	5.0
中央教育部门	21.3	29.7	27.0	16.7	5.3	22.5	31.0	27.0	14.5	4.9
中央其他部门	22.5	28.3	27.5	17.3	4.5	23.1	31.1	28.5	12.2	5.2
地方	25.1	34.0	25.5	12.1	3.3	24.4	33.2	27.5	12.0	2.9

高校隶属	高校教师参与多学科、跨学科或交叉学科人才培养工作的频率									
	2019年					2018年				
	从不	偶尔	有时	较多	经常	从不	偶尔	有时	较多	经常
地方教育部门	25.1	33.9	25.4	12.1	3.3	24.4	32.9	27.6	12.2	3.0
地方其他部门	24.0	36.8	27.2	10.8	1.2	24.2	38.4	26.2	9.1	2.0
民办	29.0	32.9	25.0	10.8	2.2	20.2	39.5	28.7	10.5	1.2
总计	24.7	33.3	25.7	12.7	3.5	24.0	33.1	27.5	12.3	3.2

表7-39 按"双一流"建设项目分普通本科高校教师参与多学科、跨学科或交叉学科人才培养工作的频率（2018—2019年）

单位：%

高校分类	高校教师参与多学科、跨学科或交叉学科人才培养工作的频率									
	2019年					2018年				
	从不	偶尔	有时	较多	经常	从不	偶尔	有时	较多	经常
"双一流"建设高校	21.9	30.7	26.4	15.9	5.1	22.2	30.2	30.5	13.3	3.7
其他高校	25.7	34.3	25.4	11.6	3.0	24.7	34.1	26.4	11.9	3.0
总计	24.7	33.3	25.7	12.7	3.5	24.0	33.1	27.5	12.3	3.2

表7-40 按高校类型分多学科、跨学科及交叉学科合作培养学生的效果（2018—2019年）

单位：%

高校类型	多学科、跨学科及交叉学科合作培养学生的效果									
	2019年					2018年				
	没有效果	效果不好	效果一般	效果较好	效果很好	没有效果	效果不好	效果一般	效果较好	效果很好
理工院校	2.0	3.7	36.6	50.6	7.1	2.8	4.0	35.1	51.4	6.8
农林院校	1.4	4.1	34.8	51.6	8.1	1.2	3.6	34.6	53.1	7.6
医药院校	2.1	3.5	30.6	53.7	10.1	2.3	3.8	36.7	49.2	8.1
综合大学	1.9	3.8	36.9	49.4	8.0	2.1	3.9	36.3	51.2	6.5
其他高校	2.2	4.3	39.3	47.3	6.9	2.8	3.7	38.6	48.1	6.8
总计	2.0	3.9	36.5	50.0	7.6	2.4	3.9	36.2	50.6	6.9

注：表中数据为教师对培养效果的主观看法。下同。

表7-41　按高校隶属分多学科、跨学科及交叉学科合作培养学生的效果（2018—2019年）

单位：%

高校隶属	多学科、跨学科及交叉学科合作培养学生的效果									
	2019年					2018年				
	没有效果	效果不好	效果一般	效果较好	效果很好	没有效果	效果不好	效果一般	效果较好	效果很好
中央	1.6	3.5	33.8	52.1	8.9	1.9	4.1	32.9	52.8	8.2
中央教育部门	1.8	3.4	34.9	51.1	8.7	2.0	4.4	32.9	52.5	8.2
中央其他部门	0.5	4.2	28.0	57.1	10.2	1.6	3.4	32.6	54.1	8.3
地方	2.0	3.9	36.9	49.7	7.4	2.5	3.8	36.6	50.3	6.8
地方教育部门	2.0	3.9	36.9	49.7	7.4	2.5	3.8	36.5	50.3	6.8
地方其他部门	3.3	3.9	36.8	48.2	7.8	2.8	3.7	38.6	48.9	6.0
民办	3.1	3.9	38.6	47.6	6.8	2.3	3.2	39.8	49.4	5.3
总计	2.0	3.9	36.5	50.0	7.6	2.4	3.9	36.2	50.6	6.9

表7-42　按"双一流"建设项目分多学科、跨学科及交叉学科合作培养学生的效果（2018—2019年）

单位：%

高校分类	多学科、跨学科及交叉学科合作培养学生的效果									
	2019年					2018年				
	没有效果	效果不好	效果一般	效果较好	效果很好	没有效果	效果不好	效果一般	效果较好	效果很好
"双一流"建设高校	1.7	3.4	34.4	51.9	8.6	1.6	3.9	36.1	51.4	7.1
其他高校	2.1	4.0	37.3	49.3	7.3	2.8	3.8	36.2	50.3	6.9
总计	2.0	3.9	36.5	50.0	7.6	2.4	3.9	36.2	50.6	6.9

（二）产学研合作创新

1. 承担横向课题的情况

表7-43　按高校类型分普通本科高校教师本年度新承担的横向项目情况（2018—2019年）

单位：%

高校类型	本年度新承担横向项目数量的教师比例									
	2019年					2018年				
	无	1～3项	4～6项	7～9项	10项以上	无	1～3项	4～6项	7～9项	10项以上
理工院校	56.7	39.7	3.0	0.3	0.2	55.3	41.2	2.9	0.4	0.3

高校类型	本年度新承担横向项目数量的教师比例									
	2019年					2018年				
	无	1～3项	4～6项	7～9项	10项以上	无	1～3项	4～6项	7～9项	10项以上
农林院校	61.1	36.4	2.2	0.1	0.2	63.1	34.4	2.1	0.1	0.3
医药院校	77.3	21.6	0.9	0.1	0.1	69.5	26.5	3.6	0.4	0.0
综合大学	64.2	33.6	1.6	0.2	0.3	64.7	32.9	1.8	0.4	0.3
其他高校	69.0	29.1	1.4	0.2	0.2	68.2	29.4	1.5	0.6	0.3
总计	63.6	33.9	2.0	0.2	0.2	62.0	35.0	2.4	0.4	0.2

表7-44 按高校隶属分普通本科高校教师本年度新承担的横向项目情况（2018—2019年）

单位：%

高校隶属	本年度新承担横向项目数量的教师比例									
	2019年					2018年				
	无	1～3项	4～6项	7～9项	10项以上	无	1～3项	4～6项	7～9项	10项以上
中央	52.8	43.0	3.4	0.5	0.3	56.1	41.0	2.4	0.2	0.2
中央教育部门	51.0	44.8	3.4	0.5	0.3	56.3	40.4	2.8	0.3	0.3
中央其他部门	61.8	34.0	3.1	0.5	0.5	55.7	43.3	1.0	0.0	0.0
地方	65.2	32.6	1.8	0.2	0.2	62.8	34.1	2.4	0.4	0.2
地方教育部门	65.2	32.5	1.8	0.2	0.2	63.0	33.9	2.4	0.4	0.2
地方其他部门	62.6	35.6	1.2	0.6	0.0	60.0	37.5	2.0	0.2	0.2
民办	69.6	28.2	1.8	0.2	0.2	64.9	31.6	2.0	1.2	0.3
总计	63.6	33.9	2.0	0.2	0.2	62.0	35.0	2.4	0.4	0.2

表7-45 按"双一流"建设项目分普通本科高校教师本年度新承担的横向项目情况（2018—2019年）

单位：%

高校分类	本年度新承担横向项目数量的教师比例									
	2019年					2018年				
	无	1～3项	4～6项	7～9项	10项以上	无	1～3项	4～6项	7～9项	10项以上
"双一流"建设高校	58.3	38.3	2.7	0.3	0.3	57.8	38.4	3.3	0.3	0.2
其他高校	65.4	32.3	1.8	0.2	0.2	63.5	33.7	2.1	0.4	0.3
总计	63.6	33.9	2.0	0.2	0.2	62.0	35.0	2.4	0.4	0.2

表7-46 按高校类型分普通本科高校教师本年度新承担的横向项目合同金额情况（2018—2019年）

单位：%

高校类型	本年度新承担横向项目合同金额的比例									
	2019年					2018年				
	无	小于10万元	10万~50万元	50万~100万元	100万元以上	无	小于10万元	10万~50万元	50万~100万元	100万元以上
理工院校	56.4	20.1	17.5	4.0	1.9	53.6	23.3	17.3	3.8	2.0
农林院校	60.0	21.5	15.2	2.6	0.7	60.7	21.6	14.3	2.5	0.8
医药院校	77.1	14.6	6.9	0.9	0.6	70.0	17.7	10.9	0.8	0.6
综合大学	64.8	18.6	12.7	2.8	1.2	64.0	19.3	13.0	2.5	1.3
其他高校	69.9	20.0	8.2	1.2	0.7	67.5	23.3	7.6	1.3	0.3
总计	63.7	19.3	13.1	2.7	1.3	60.9	21.8	13.5	2.6	1.3

表7-47 按高校隶属分普通本科高校教师本年度新承担的横向项目合同金额情况（2018—2019年）

单位：%

高校隶属	本年度新承担横向项目合同金额的比例									
	2019年					2018年				
	无	小于10万元	10万~50万元	50万~100万元	100万元以上	无	小于10万元	10万~50万元	50万~100万元	100万元以上
中央	52.2	15.7	22.7	6.1	3.3	54.7	16.5	20.6	5.4	2.9
中央教育部门	50.5	15.1	24.4	6.7	3.3	55.0	15.4	21.2	5.4	3.0
中央其他部门	61.0	18.8	13.9	2.9	3.4	53.6	20.7	18.1	5.2	2.3
地方	65.3	19.7	11.9	2.2	1.0	61.8	22.3	12.7	2.2	1.0
地方教育部门	65.2	19.6	12.0	2.2	1.0	61.9	21.8	13.0	2.3	1.1
地方其他部门	68.0	23.4	6.6	1.5	0.6	60.2	29.6	8.5	1.5	0.2
民办	72.8	24.8	2.2	0.2	0.0	64.3	33.3	2.3	0.0	0.0
总计	63.7	19.3	13.1	2.7	1.3	60.9	21.8	13.5	2.6	1.3

表7-48 按"双一流"建设项目分普通本科高校教师本年度新承担的
横向项目合同金额情况（2018—2019年）

单位：%

高校分类	本年度新承担横向项目合同金额的比例									
	2019年					2018年				
	无	小于10万元	10万~50万元	50万~100万元	100万元以上	无	小于10万元	10万~50万元	50万~100万元	100万元以上
"双一流"建设高校	57.8	15.9	18.9	4.8	2.5	56.9	18.2	18.9	4.0	2.0
其他高校	65.8	20.5	11.0	1.9	0.8	62.4	23.1	11.5	2.0	1.0
总计	63.7	19.3	13.1	2.7	1.3	60.9	21.8	13.5	2.6	1.3

2. 承担纵向课题的情况

表7-49 按高校类型分普通本科高校教师本年度新承担的纵向项目情况（2018—2019年）

单位：%

高校类型	本年度新承担纵向项目数量的教师比例									
	2019年					2018年				
	无	1~3项	4~6项	7~9项	10项以上	无	1~3项	4~6项	7~9项	10项以上
理工院校	36.2	61.1	2.4	0.3	0.1	33.9	63.1	2.5	0.3	0.2
农林院校	33.4	64.2	2.2	0.2	0.0	29.8	66.8	2.7	0.5	0.2
医药院校	38.6	58.3	2.9	0.1	0.2	36.9	57.4	5.1	0.5	0.1
综合大学	36.3	60.6	2.7	0.2	0.2	36.8	59.9	2.8	0.3	0.1
其他高校	36.2	61.5	1.9	0.2	0.1	38.9	58.0	2.4	0.5	0.3
总计	36.2	61.1	2.4	0.2	0.1	35.5	61.2	2.8	0.4	0.2

表7-50　按高校隶属分普通本科高校教师本年度新承担的纵向项目情况（2018—2019年）

单位：%

| 高校隶属 | 本年度新承担纵向项目数量的教师比例 | | | | | | | | | |
| | 2019年 | | | | | 2018年 | | | | |
	无	1～3项	4～6项	7～9项	10项以上	无	1～3项	4～6项	7～9项	10项以上
中央	26.2	69.4	3.6	0.6	0.2	24.6	71.9	2.7	0.4	0.4
中央教育部门	26.4	69.4	3.6	0.4	0.2	23.7	72.8	2.7	0.4	0.4
中央其他部门	25.3	69.4	3.7	1.3	0.3	27.7	68.7	2.6	0.8	0.3
地方	37.2	60.3	2.2	0.2	0.1	36.6	60.0	2.8	0.4	0.2
地方教育部门	37.1	60.4	2.2	0.2	0.1	36.5	60.0	2.9	0.4	0.2
地方其他部门	41.1	56.5	1.5	0.3	0.6	38.6	59.1	1.9	0.5	
民办	54.4	43.9	0.9	0.6	0.2	55.0	42.4	2.0	0.3	0.3
总计	36.2	61.1	2.4	0.2	0.1	35.5	61.2	2.8	0.4	0.2

表7-51　按"双一流"建设项目分普通本科高校教师本年度新承担的纵向项目情况（2018—2019年）

单位：%

| 高校分类 | 本年度新承担纵向项目数量的教师比例 | | | | | | | | | |
| | 2019年 | | | | | 2018年 | | | | |
	无	1～3项	4～6项	7～9项	10项以上	无	1～3项	4～6项	7～9项	10项以上
"双一流"建设高校	29.0	67.1	3.3	0.4	0.1	28.0	67.4	4.0	0.3	0.3
其他高校	38.7	58.9	2.0	0.2	0.1	38.2	58.8	2.3	0.4	0.2
总计	36.2	61.1	2.4	0.2	0.1	35.5	61.2	2.8	0.4	0.2

表7-52　按高校类型分普通本科高校教师本年度新承担的纵向项目合同金额情况（2018—2019年）

单位：%

| 高校类型 | 本年度新承担纵向项目合同金额的比例 | | | | | | | | | |
| | 2019年 | | | | | 2018年 | | | | |
	无	小于10万元	10万～50万元	50万～100万元	100万元以上	无	小于10万元	10万～50万元	50万～100万元	100万元以上
理工院校	36.8	32.9	22.5	5.1	2.7	33.7	32.9	26.0	5.3	2.1
农林院校	34.5	29.9	24.1	8.1	3.4	28.7	27.8	30.7	8.9	3.9
医药院校	40.9	34.5	18.9	4.0	1.7	38.1	32.8	21.6	5.7	1.9

高校类型	本年度新承担纵向项目合同金额的比例									
	2019年					2018年				
	无	小于10万元	10万～50万元	50万～100万元	100万元以上	无	小于10万元	10万～50万元	50万～100万元	100万元以上
综合大学	38.6	27.7	23.7	6.4	3.6	37.0	26.8	26.7	7.0	2.5
其他高校	38.9	38.6	18.1	3.4	0.9	40.2	37.0	18.6	3.5	0.8
总计	37.9	32.8	21.6	5.2	2.5	35.7	32.0	24.6	5.6	2.1

表7-53 按高校隶属分普通本科高校教师本年度新承担的纵向项目合同金额情况（2018—2019年）

单位：%

高校隶属	本年度新承担纵向项目合同金额的比例									
	2019年					2018年				
	无	小于10万元	10万～50万元	50万～100万元	100万元以上	无	小于10万元	10万～50万元	50万～100万元	100万元以上
中央	26.8	21.8	31.4	12.2	7.8	23.9	19.0	36.3	13.6	7.2
中央教育部门	26.9	20.6	32.3	12.7	7.5	23.5	17.8	36.6	14.8	7.3
中央其他部门	25.9	27.7	27.2	9.7	9.4	25.6	23.1	35.2	9.3	6.7
地方	38.9	34.4	20.8	4.2	1.7	37.0	34.0	23.3	4.5	1.3
地方教育部门	38.7	34.2	21.1	4.3	1.7	36.6	33.0	24.3	4.7	1.4
地方其他部门	49.4	44.0	6.0	0.6	0.0	43.1	48.5	7.4	0.8	0.3
民办	59.4	39.2	1.1	0.4	0.0	57.6	39.2	3.2	0.0	0.0
总计	37.9	32.8	21.6	5.2	2.5	35.7	32.0	24.6	5.6	2.1

表7-54 按"双一流"建设项目分普通本科高校教师本年度新承担的纵向项目合同金额情况（2018—2019年）

单位：%

高校分类	本年度新承担纵向项目合同金额的比例									
	2019年					2018年				
	无	小于10万元	10万～50万元	50万～100万元	100万元以上	无	小于10万元	10万～50万元	50万～100万元	100万元以上
"双一流"建设高校	29.9	22.7	30.5	10.9	6.0	27.1	23.2	34.1	11.0	4.6
其他高校	40.7	36.3	18.5	3.2	1.3	38.9	35.3	21.0	3.6	1.1
总计	37.9	32.8	21.6	5.2	2.5	35.7	32.0	24.6	5.6	2.1

3. 合作科研情况

表7-55 按高校类型分普通本科高校教师与政府部门、企业或事业单位合作开展科研创新的情况
（2018—2019年）

单位：%

高校类型	高校教师与政府部门、企业或事业单位合作开展科研创新的情况									
	2019年					2018年				
	产品研发	工艺、技术改进	专业咨询服务	其他类型的合作	未开展过合作	产品研发	工艺、技术改进	专业咨询服务	其他类型的合作	未开展过合作
理工院校	25.5	21.9	28.8	14.5	33.7	28.3	25.5	30.0	15.4	29.2
农林院校	20.9	17.2	33.7	16.3	36.3	23.5	20.5	31.5	17.5	33.3
医药院校	14.6	11.0	16.7	13.9	57.9	16.7	11.9	18.8	15.8	52.2
综合大学	19.9	15.5	27.3	14.8	41.8	21.4	17.3	27.5	17.3	39.6
其他高校	11.4	9.9	27.5	16.7	48.1	12.4	10.0	30.9	19.5	43.9
总计	19.6	16.2	27.4	15.2	41.4	22.0	18.8	28.7	16.9	37.0

表7-56 按高校隶属分普通本科高校教师与政府部门、企业或事业单位合作开展科研创新的情况
（2018—2019年）

单位：%

高校隶属	高校教师与政府部门、企业或事业单位合作开展科研创新的情况									
	2019年					2018年				
	产品研发	工艺、技术改进	专业咨询服务	其他类型的合作	未开展过合作	产品研发	工艺、技术改进	专业咨询服务	其他类型的合作	未开展过合作
中央	27.2	20.4	29.5	13.3	32.7	29.3	21.9	28.7	14.9	32.0
中央教育部门	28.0	21.6	29.4	13.7	31.4	29.8	23.3	27.8	14.4	32.4
中央其他部门	23.3	14.7	30.1	11.3	39.3	27.5	16.8	31.9	16.8	30.6
地方	18.6	15.9	27.4	15.4	42.2	21.1	18.5	28.5	16.9	37.8
地方教育部门	18.7	15.9	27.4	15.3	42.3	21.4	18.6	28.0	16.7	38.2
地方其他部门	16.5	15.3	27.5	19.2	39.8	17.4	17.1	36.4	19.9	32.3
民办	11.8	6.6	20.0	18.2	56.3	9.9	11.7	36.8	26.9	36.5
总计	19.6	16.2	27.4	15.2	41.4	22.0	18.8	28.7	16.9	37.0

表7-57　按"双一流"建设项目分普通本科高校教师与政府部门、企业或事业单位
合作开展科研创新的情况（2018—2019年）

单位：%

高校分类	高校教师与政府部门、企业或事业单位合作开展科研创新的情况									
	2019年					2018年				
	产品研发	工艺、技术改进	专业咨询服务	其他类型的合作	未开展过合作	产品研发	工艺、技术改进	专业咨询服务	其他类型的合作	未开展过合作
"双一流"建设高校	25.9	19.4	29.3	13.4	34.9	25.5	20.4	29.8	16.4	33.7
其他高校	17.4	15.1	26.8	15.8	43.6	20.7	18.2	28.3	17.1	38.2
总计	19.6	16.2	27.4	15.2	41.4	22.0	18.8	28.7	16.9	37.0

表7-58　按高校类型分普通本科高校教师参与跨学科、交叉学科或多学科
合作的科研项目情况（2018—2019年）

单位：%

高校类型	高校教师参与跨学科、交叉学科或多学科合作的科研项目情况									
	2019年					2018年				
	从不	偶尔	有时	较多	经常	从不	偶尔	有时	较多	经常
理工院校	25.6	38.4	22.2	10.8	2.9	22.8	38.0	24.3	11.7	3.0
农林院校	25.1	38.8	21.1	11.9	3.2	23.0	38.9	25.5	9.0	3.7
医药院校	30.0	38.9	18.3	9.4	3.4	31.6	37.5	20.7	7.6	2.6
综合大学	29.4	37.6	18.7	10.5	3.7	25.9	39.4	21.6	10.0	3.2
其他高校	31.6	39.7	18.6	7.9	2.1	28.3	41.2	20.8	8.1	1.7
总计	28.2	38.6	20.1	10.0	3.0	25.4	39.0	22.8	10.0	2.8

表7-59　按高校隶属分普通本科高校教师参与跨学科、交叉学科或多学科
合作的科研项目情况（2018—2019年）

单位：%

高校隶属	高校教师参与跨学科、交叉学科或多学科合作的科研项目情况									
	2019年					2018年				
	从不	偶尔	有时	较多	经常	从不	偶尔	有时	较多	经常
中央	20.3	36.7	23.5	14.8	4.7	19.2	37.4	24.5	13.6	5.4
中央教育部门	20.0	36.7	23.3	15.3	4.6	18.9	36.4	25.1	14.1	5.5

高校隶属	高校教师参与跨学科、交叉学科或多学科合作的科研项目情况									
	2019年					2018年				
	从不	偶尔	有时	较多	经常	从不	偶尔	有时	较多	经常
中央其他部门	21.5	36.4	24.6	12.3	5.2	20.2	40.9	22.3	11.7	4.9
地方	29.0	39.0	19.7	9.5	2.8	26.1	39.1	22.7	9.6	2.5
地方教育部门	28.9	39.0	19.8	9.5	2.9	26.1	38.6	23.0	9.8	2.6
地方其他部门	34.1	39.8	16.5	9.0	0.6	27.5	46.9	18.5	6.2	0.9
民办	42.6	36.9	16.0	3.9	0.6	36.0	45.3	16.1	2.6	
总计	28.2	38.6	20.1	10.0	3.0	25.4	39.0	22.8	10.0	2.8

表7-60 按"双一流"建设项目分普通本科高校教师参与跨学科、交叉学科或多学科合作的科研项目情况（2018—2019年）

单位：%

高校分类	高校教师参与跨学科、交叉学科或多学科合作的科研项目情况									
	2019年					2018年				
	从不	偶尔	有时	较多	经常	从不	偶尔	有时	较多	经常
"双一流"建设高校	22.3	36.9	22.5	13.8	4.5	20.9	36.8	26.0	12.1	4.2
其他高校	30.3	39.2	19.3	8.7	2.5	27.1	39.8	21.6	9.2	2.3
总计	28.2	38.6	20.1	10.0	3.0	25.4	39.0	22.8	10.0	2.8

表7-61 按高校类型分普通本科高校教师与国外学者合作开展科研工作情况（2018—2019年）

单位：%

高校类型	高校教师与国外学者合作开展科研工作情况									
	2019年					2018年				
	从不	偶尔	有时	较多	经常	从不	偶尔	有时	较多	经常
理工院校	50.7	25.2	14.5	6.9	2.8	49.5	24.9	15.7	7.1	2.8
农林院校	47.3	27.3	14.6	8.1	2.7	45.9	26.9	15.7	7.6	3.8
医药院校	65.7	19.5	9.4	3.9	1.5	61.6	17.9	15.2	3.7	1.6
综合大学	50.3	24.1	14.4	8.2	3.1	48.2	23.2	15.9	9.0	3.7
其他高校	58.6	22.2	11.2	5.8	2.2	58.3	22.3	12.7	4.5	2.2
总计	53.4	23.9	13.2	6.8	2.6	51.9	23.5	15.1	6.7	2.8

表7-62 按高校隶属分普通本科高校教师与国外学者合作开展科研工作情况（2018—2019年）

单位：%

高校隶属	高校教师与国外学者合作开展科研工作情况									
	2019年					2018年				
	从不	偶尔	有时	较多	经常	从不	偶尔	有时	较多	经常
中央	29.9	28.1	22.8	14.0	5.1	28.7	28.6	22.3	13.7	6.7
中央教育部门	29.4	28.5	22.5	14.4	5.3	28.5	28.4	23.0	13.3	6.7
中央其他部门	32.7	26.2	24.6	12.3	4.2	29.3	29.0	19.7	15.3	6.7
地方	56.3	23.7	12.0	5.8	2.2	54.9	23.0	14.2	5.7	2.3
地方教育部门	55.7	23.9	12.2	5.9	2.3	53.7	23.3	14.7	5.9	2.4
地方其他部门	78.1	15.6	3.9	1.8	0.6	73.8	17.3	5.9	2.5	0.6
民办	82.4	10.8	4.6	1.5	0.7	78.9	13.7	6.1	0.9	0.3
总计	53.4	23.9	13.2	6.8	2.6	51.9	23.5	15.1	6.7	2.8

表7-63 按"双一流"建设项目分普通本科高校教师与国外学者
合作开展科研工作情况（2018—2019年）

单位：%

高校分类	高校教师与国外学者合作开展科研工作情况									
	2019年					2018年				
	从不	偶尔	有时	较多	经常	从不	偶尔	有时	较多	经常
"双一流"建设高校	36.2	27.4	19.7	12.0	4.7	35.6	25.5	22.3	11.4	5.1
其他高校	59.5	22.7	11.0	5.0	1.9	58.0	22.7	12.4	4.9	2.0
总计	53.4	23.9	13.2	6.8	2.6	51.9	23.5	15.1	6.7	2.8

（三）创新成果转化

表7-64 按高校类型分普通本科高校教师创新成果转化的情况（2018—2019年）

单位：%

高校类型	2019年				2018年			
	创新成果实现转化的情况		创新成果需要转化的情况		创新成果实现转化的情况		创新成果需要转化的情况	
	有	没有	有	没有	有	没有	有	没有
理工院校	7.0	93.0	31.8	68.2	7.6	92.4	33.5	66.5
农林院校	4.3	95.7	29.1	70.9	7.2	92.8	31.7	68.3

续表

高校类型	2019年				2018年			
	创新成果实现转化的情况		创新成果需要转化的情况		创新成果实现转化的情况		创新成果需要转化的情况	
	有	没有	有	没有	有	没有	有	没有
医药院校	3.4	96.6	20.2	79.8	4.0	96.0	18.2	81.8
综合大学	6.5	93.5	26.2	73.8	6.5	93.5	26.7	73.3
其他高校	4.6	95.4	17.4	82.6	5.2	94.8	17.4	82.6
总计	5.8	94.2	25.9	74.1	6.5	93.5	27.1	72.9

表7-65 按高校隶属分普通本科高校教师创新成果转化的情况（2018—2019年）

单位：%

高校隶属	2019年				2018年			
	创新成果实现转化的情况		创新成果需要转化的情况		创新成果实现转化的情况		创新成果需要转化的情况	
	有	没有	有	没有	有	没有	有	没有
中央	6.7	93.3	33.8	66.2	6.3	93.7	36.2	63.8
中央教育部门	7.0	93.0	34.8	65.2	6.3	93.7	37.5	62.5
中央其他部门	4.7	95.3	29.1	70.9	6.2	93.8	31.6	68.4
地方	5.6	94.4	24.9	75.1	6.5	93.5	25.9	74.1
地方教育部门	5.6	94.4	25.0	75.0	6.4	93.6	26.3	73.7
地方其他部门	3.9	96.1	21.3	78.7	7.7	92.3	19.8	80.2
民办	6.6	93.4	18.0	82.0	7.0	93.0	17.0	83.0
总计	5.8	94.2	25.9	74.1	6.5	93.5	27.1	72.9

表7-66 按"双一流"建设项目分普通本科高校教师创新成果转化的情况（2018—2019年）

单位：%

高校分类	2019年				2018年			
	创新成果实现转化的情况		创新成果需要转化的情况		创新成果实现转化的情况		创新成果需要转化的情况	
	有	没有	有	没有	有	没有	有	没有
"双一流"建设高校	6.9	93.1	32.3	67.7	6.2	93.8	31.4	68.6
其他高校	5.4	94.6	23.7	76.3	6.6	93.4	25.5	74.5
总计	5.8	94.2	25.9	74.1	6.5	93.5	27.1	72.9

表7-67　按高校类型分普通本科高校教师技术成果转化收益情况（2018—2019年）

单位：%

高校类型	高校教师技术成果转化收益情况									
	2019年					2018年				
	几乎没有	比较小	一般	比较大	非常大	几乎没有	比较小	一般	比较大	非常大
理工院校	15.6	25.1	37.5	19.6	2.2	14.0	18.0	42.8	22.0	3.3
农林院校	18.8	29.7	40.6	9.4	1.6	15.3	24.7	36.5	21.2	2.4
医药院校	18.9	20.8	39.6	20.8	0.0	31.4	27.5	23.5	15.7	2.0
综合大学	19.2	25.7	39.6	14.7	0.8	12.6	20.1	44.3	20.7	2.3
其他高校	36.7	16.9	30.7	13.3	2.4	28.1	18.5	33.6	17.8	2.1
总计	20.7	23.9	37.2	16.5	1.7	17.3	19.7	39.7	20.6	2.7

注：表中数据为教师对技术成果转化收益大小的主观感受。下同。

表7-68　按高校隶属分普通本科高校教师技术成果转化收益情况（2018—2019年）

单位：%

高校隶属	高校教师技术成果转化收益情况									
	2019年					2018年				
	几乎没有	比较小	一般	比较大	非常大	几乎没有	比较小	一般	比较大	非常大
中央	11.6	21.9	40.0	25.2	1.3	9.6	17.5	43.9	27.2	1.8
中央教育部门	11.7	21.2	40.9	24.8	1.5	6.7	17.8	48.9	25.6	1.1
中央其他部门	11.1	27.8	33.3	27.8	0.0	20.8	16.7	25.0	33.3	4.2
地方	22.1	24.3	36.7	15.0	1.8	17.4	20.1	39.8	19.8	2.9
地方教育部门	21.4	24.5	37.1	15.1	1.9	16.8	19.8	40.1	20.4	3.0
地方其他部门	61.5	15.4	15.4	7.7	0.0	26.0	24.0	36.0	12.0	2.0
民办	30.6	22.2	36.1	11.1	0.0	50.0	20.8	16.7	12.5	0.0
总计	20.7	23.9	37.2	16.5	1.7	17.3	19.7	39.7	20.6	2.7

表7-69　按"双一流"建设项目分普通本科高校教师技术成果转化收益情况（2018—2019年）

单位：%

高校分类	高校教师技术成果转化收益情况									
	2019年					2018年				
	几乎没有	比较小	一般	比较大	非常大	几乎没有	比较小	一般	比较大	非常大
"双一流"建设高校	13.9	24.7	41.2	18.6	1.7	11.3	18.9	42.3	25.2	2.3
其他高校	23.8	23.5	35.4	15.6	1.7	19.4	20.0	38.8	18.9	2.8
总计	20.7	23.9	37.2	16.5	1.7	17.3	19.7	39.7	20.6	2.7

（四）创新环境

1. 压力来源情况

表7-70　按高校类型分普通本科高校教师学术生活的压力来源情况（2018—2019年）

单位：%

高校类型	学术生活的压力来源											
	2019年						2018年					
	科研	教学	指导学生	处理人际关系	事务性工作*	其他	科研	教学	指导学生	处理人际关系	事务性工作	其他
理工院校	73.2	47.0	27.8	18.3	59.8	4.7	72.1	46.3	25.1	18.9	65.9	4.6
农林院校	73.6	43.2	31.2	21.5	61.4	5.7	75.4	45.1	26.7	22.8	63.7	5.1
医药院校	76.1	45.9	24.1	21.6	59.3	4.8	71.7	41.9	26.0	21.1	60.3	5.5
综合大学	74.6	45.3	29.6	19.4	60.8	5.4	75.2	46.6	28.2	20.5	60.4	5.5
其他高校	72.9	47.8	27.7	16.6	61.8	5.0	73.6	45.8	25.8	18.7	64.8	5.0
总计	73.8	46.3	28.2	18.8	60.6	5.0	73.3	45.7	26.1	19.7	63.8	5.0

* 包括处理课题报销及其他各种事务性工作。下同。

表7-71　按高校隶属分普通本科高校教师学术生活的压力来源情况（2018—2019年）

单位：%

高校隶属	学术生活的压力来源											
	2019年						2018年					
	科研	教学	指导学生	处理人际关系	事务性工作	其他	科研	教学	指导学生	处理人际关系	事务性工作	其他
中央	78.0	39.9	34.4	19.1	55.8	5.3	77.0	42.4	30.1	20.4	62.9	5.0
中央教育部门	78.5	40.2	34.4	19.2	54.6	5.2	77.0	42.1	30.2	20.4	62.4	5.3
中央其他部门	75.4	38.0	34.6	18.6	62.0	5.8	76.9	43.5	29.8	20.2	64.8	3.9
地方	73.1	46.7	27.0	18.8	62.0	5.0	72.6	46.0	25.5	19.8	64.3	5.0
地方教育部门	73.2	46.5	27.2	18.9	62.1	5.0	72.8	45.5	25.8	19.8	64.3	5.1
地方其他部门	70.7	55.4	18.3	17.7	60.5	5.1	69.8	54.0	19.9	19.0	63.3	3.7
民办	72.6	63.6	31.3	16.5	44.9	3.7	74.3	53.5	25.4	15.8	53.8	5.6
总计	73.8	46.3	28.2	18.8	60.6	5.0	73.3	45.7	26.1	19.7	63.8	5.0

表7-72　按"双一流"建设项目分普通本科高校教师学术生活的压力来源情况（2018—2019年）

单位：%

高校分类	学术生活的压力来源											
	2019年						2018年					
	科研	教学	指导学生	处理人际关系	事务性工作	其他	科研	教学	指导学生	处理人际关系	事务性工作	其他
"双一流"建设高校	75.9	42.0	34.4	19.4	59.1	5.3	74.9	43.3	31.1	20.3	62.7	5.0
其他高校	73.1	47.8	26.0	18.6	61.1	4.9	72.7	46.6	24.3	19.5	64.3	5.0
总计	73.8	46.3	28.2	18.8	60.6	5.0	73.3	45.7	26.1	19.7	63.8	5.0

2. 职称评聘情况

表7-73　普通本科高校教师职称评聘中的因素（2018—2019年）

因素	2019年				2018年			
	当前最重视的因素		最应该重视的因素		当前最重视的因素		最应该重视的因素	
	N	%	N	%	N	%	N	%
教学成果奖	7804	47.2	6890	41.7	5581	42.2	5346	40.5
指导学生获得技能大赛、创新创业大赛奖项	3566	21.6	5947	36.0	2492	18.9	4624	35.0
课堂教学评价结果	3386	20.5	9127	55.2	2463	18.6	7161	54.2
论文数量	11 270	68.2	4544	27.5	9317	70.5	3940	29.8
论文影响因子及引用率	9392	56.8	8541	51.7	7992	60.5	7232	54.7
纵向科研项目数量与金额	12 208	73.9	7817	47.3	9483	71.8	6076	46.0
横向科研项目数量与金额	3328	20.1	2722	16.5	2615	19.8	2101	15.9
拥有高级资格证书	507	3.1	567	3.4	443	3.4	559	4.2
行业、企业的工作或实践经历	373	2.3	2527	15.3	344	2.6	1983	15.0
专利	2091	12.7	1985	12.0	1952	14.8	1769	13.4
专著	2716	16.4	2372	14.4	2015	15.3	1762	13.3
技术成果转让金额	596	3.6	2130	12.9	385	2.9	1463	11.1
高水平的社会兼职	210	1.3	1208	7.3	204	1.5	940	7.1
科研成果获奖	8615	52.1	5476	33.1	6904	52.3	4147	31.4
各类人才帽子	4337	26.2	568	3.4	3467	26.2	451	3.4
其他	268	1.6	594	3.6	175	1.3	413	3.1

注：N代表选择该因素的人数，%代表选择该因素的人数占总人数的比例。下同。

表7-74　按高校类型分普通本科高校教师对专任教师开展分类聘任与评价的态度（2018—2019年）

单位：%

高校类型	对专任教师开展分类聘任与评价的态度									
	2019年					2018年				
	不同意	较不同意	中立	比较同意	非常同意	不同意	较不同意	中立	比较同意	非常同意
理工院校	2.6	2.8	25.8	46.6	22.2	2.4	3.9	25.5	45.6	22.7
农林院校	2.4	2.4	20.8	51.1	23.2	1.4	2.4	23.3	48.3	24.7

| 高校类型 | 对专任教师开展分类聘任与评价的态度 | | | | | | | | | |
| | 2019年 | | | | | 2018年 | | | | |
	不同意	较不同意	中立	比较同意	非常同意	不同意	较不同意	中立	比较同意	非常同意
医药院校	2.1	3.6	26.2	45.9	22.2	2.5	3.5	33.4	38.6	22.0
综合大学	2.7	3.6	26.0	45.2	22.5	2.4	3.6	28.0	43.4	22.7
其他高校	3.0	3.7	25.6	45.6	22.0	2.8	3.2	29.8	43.4	20.8
总计	2.7	3.2	25.4	46.4	22.3	2.4	3.5	27.5	44.2	22.4

表7-75　按高校隶属分普通本科高校教师对专任教师开展分类聘任与评价的态度（2018—2019年）

单位：%

| 高校隶属 | 对专任教师开展分类聘任与评价的态度 | | | | | | | | | |
| | 2019年 | | | | | 2018年 | | | | |
	不同意	较不同意	中立	比较同意	非常同意	不同意	较不同意	中立	比较同意	非常同意
中央	2.1	3.1	24.4	47.7	22.8	2.5	3.1	25.5	45.2	23.6
中央教育部门	2.1	3.1	24.3	48.1	22.4	2.4	2.8	26.1	45.4	23.2
中央其他部门	1.8	3.1	24.6	45.5	24.9	2.8	4.4	23.1	44.6	25.1
地方	2.7	3.2	25.0	46.5	22.6	2.4	3.5	27.2	44.2	22.6
地方教育部门	2.8	3.2	24.9	46.6	22.6	2.4	3.6	27.4	44.2	22.4
地方其他部门	1.5	3.0	29.9	40.7	24.9	2.2	2.8	24.8	43.7	26.5
民办	3.7	5.5	39.7	38.2	12.9	2.3	4.4	45.3	40.1	7.9
总计	2.7	3.2	25.4	46.4	22.3	2.4	3.5	27.5	44.2	22.4

表7-76　按"双一流"建设项目分普通本科高校教师对专任教师开展
分类聘任与评价的态度（2018—2019年）

单位：%

| 高校分类 | 对专任教师开展分类聘任与评价的态度 | | | | | | | | | |
| | 2019年 | | | | | 2018年 | | | | |
	不同意	较不同意	中立	比较同意	非常同意	不同意	较不同意	中立	比较同意	非常同意
"双一流"建设高校	2.1	3.2	23.7	47.7	23.2	2.4	3.3	26.0	45.3	23.0
其他高校	2.9	3.3	26.0	45.9	22.0	2.4	3.6	28.0	43.9	22.2
总计	2.7	3.2	25.4	46.4	22.3	2.4	3.5	27.5	44.2	22.4

表7-77　按高校类型分教师对科技成果转化参与收益分配和职称评定的认知情况（2018—2019年）

单位：%

高校类型	2019年				2018年			
	建立科技成果转化收益分配制度		科技成果转化纳入职称评定条件		建立科技成果转化收益分配制度		科技成果转化纳入职称评定条件	
	是	否	是	否	是	否	是	否
理工院校	77.9	22.1	62.0	38.0	75.7	24.3	55.4	44.6
农林院校	74.9	25.1	61.2	38.8	79.0	21.0	58.1	41.9
医药院校	73.3	26.7	64.6	35.4	69.5	30.5	59.5	40.5
综合大学	71.8	28.2	55.6	44.4	71.1	28.9	56.7	43.3
其他高校	63.8	36.2	57.1	42.9	61.2	38.8	55.4	44.6
总计	72.6	27.4	59.5	40.5	71.4	28.6	56.3	43.7

表7-78　按高校隶属分教师对科技成果转化参与收益分配和职称评定的认知情况（2018—2019年）

单位：%

高校隶属	2019年				2018年			
	建立科技成果转化收益分配制度		科技成果转化纳入职称评定条件		建立科技成果转化收益分配制度		科技成果转化纳入职称评定条件	
	是	否	是	否	是	否	是	否
中央	80.8	19.2	58.3	41.7	79.8	20.2	52.8	47.2
中央教育部门	81.1	18.9	57.5	42.5	80.3	19.7	51.5	48.5
中央其他部门	79.1	20.9	62.6	37.4	78.0	22.0	57.3	42.7
地方	72.1	27.9	59.7	40.3	70.5	29.5	56.6	43.4
地方教育部门	72.2	27.8	59.6	40.4	71.2	28.8	56.9	43.1
地方其他部门	65.9	34.1	65.0	35.0	59.1	40.9	51.9	48.1
民办	51.3	48.7	59.6	40.4	57.0	43.0	65.5	34.5
总计	72.6	27.4	59.5	40.5	71.4	28.6	56.3	43.7

表7-79 按"双一流"建设项目分教师对科技成果转化参与收益分配和职称评定的认知情况（2018—2019年）

单位：%

高校分类	2019年				2018年			
	建立科技成果转化收益分配制度		科技成果转化纳入职称评定条件		建立科技成果转化收益分配制度		科技成果转化纳入职称评定条件	
	是	否	是	否	是	否	是	否
"双一流"建设高校	78.6	21.4	55.4	44.6	75.6	24.4	54.0	46.0
其他高校	70.5	29.5	61.0	39.0	69.9	30.1	57.2	42.8
总计	72.6	27.4	59.5	40.5	71.4	28.6	56.3	43.7

3. 平台及制度设计

表7-80 普通本科高校教师对学校提供的平台及制度设计满意情况（2018—2019年）

单位：%

学校提供的平台及制度设计	2019年					2018年				
	很不满意	较不满意	中立	较满意	很满意	很不满意	较不满意	中立	较满意	很满意
（1）论文等级制度	5.5	13.3	41.2	34.3	5.8	6.9	13.6	38.7	34.0	6.9
（2）项目等级制度	3.8	9.3	41.9	38.3	6.6	4.0	9.4	40.4	38.7	7.6
（3）学生评教制度	4.8	11.3	41.6	36.1	6.3	6.3	12.9	40.6	33.3	6.9
（4）职称评聘制度	6.6	14.4	42.1	31.7	5.3	6.9	15.6	41.0	30.7	5.9
（5）教学奖励制度	4.4	12.1	42.8	34.6	6.2	5.3	13.7	41.5	33.1	6.5
（6）科研成果奖励制度	3.5	9.2	42.0	38.3	7.0	4.0	10.1	40.2	38.0	7.8
（7）科研成果转化的支持与服务制度	2.9	7.7	48.9	34.2	6.3	3.0	8.1	47.9	34.2	6.8
（8）科研成果转化的激励制度	2.8	8.0	47.8	35.0	6.5	3.2	8.5	46.6	34.6	7.1
（9）教师进修培训等职业发展支持制度	4.4	11.5	40.1	36.3	7.7	5.0	12.3	39.6	35.0	8.2
（10）所在学科的科研创新平台	6.2	14.5	41.1	31.5	6.7	6.8	15.5	39.2	30.9	7.5
（11）对高校教师职业的总体满意度	2.7	9.2	37.8	42.4	7.9	3.1	10.9	37.2	40.6	8.1

八、高校学生参与创新情况

监测报告显示，2019年，本科生发表学术期刊论文的比例为13.3%，已发表学术期刊论文的学生中，人均发表数量为1.57篇；本科生发表会议论文的比例为7.6%，已发表会议论文的学生中，人均发表数量为1.54篇。研究生以"一作"身份发表学术期刊论文的比例为52.9%，已发表会议论文的学生中，人均发表数量为2.12篇。本科生参加省部级以上创新创业大赛和科技学术类竞赛的比例均为10.4%；研究生参加省部级以上创新创业大赛和科技学术类竞赛的比例分别为7.8%和10.3%。本科生独立申请专利和获得专利授权的比例分别为3.7%和3.9%；研究生独立申请专利和获得专利授权的比例分别为15.7%和11.0%。本科生参与开发设计与改进试验的比例分别为5.9%和11.8%。本科生独立参加全国或学术会议报告的比例为3.4%，其中参加的学生平均参加2.01次；研究生独立参加全国或学术会议报告的比例为21.7%，其中参加的学生平均参加2.02次。49.6%的本科生和31.3%的研究生曾参加创新创业竞赛，参加的学生中，本科生和研究生平均参加次数分别为1.83次和1.60次。综合来看，分别有65.4%的本科生和86.2%的研究生表示通过学术训练和科技创新活动，自己的自主学习和探索能力有较大或极大提高。

2019年，学生在科研活动参与方面，本科生认为教师有将科研成果转化为教学内容的比例为97.3%，研究生认为教师有将科研成果转化为教学内容的比例为98.3%。本科生参与教师科研课题的比例为49.2%，人均参与教师科研课题的数量为0.69个，人均独立开展科研课题的数量为0.29个。硕士研究生中从本科阶段开始参与教师课题的比例为20.3%；博士研究生中从本科阶段开始参与教师课题的比例为17.7%；硕士研究生人均参与所有科研课题的数量为1.67个,博士研究生人均参与所有科研课题的数量为3.00个。对于科研工作,98.3%的研究生表示有兴趣。

在创新创业方面,本科生尝试创业的比例为20.6%,研究生尝试创业的比例为12.7%。本科生参与创新创业类社团的比例为30.9%,研究生参与创新创业类社团的比例为13.1%。本科生选修创新创业课程的比例为66.1%,研究生选修创新创业类课程的比例为25.3%。

在参与产学研合作方面,49.4%的研究生表示有参与企业委托或与企业合作的科研项目的机会,66.0%的研究生曾去企业参观实习。在对企业委托科研项目的评价方面,72.1%的本科生和68.0%的研究生认为比较重要或非常重要;此外,73.3%的本科生和67.6%研究生表示比较愿意或非常愿意参与企业委托的科研项目。

在创新人才培养的环境方面,72.8%的本科生和84.4%的研究生表示学校对学术道德和学术规范的严格遵守比较或非常重视。60.9%的本科生表示教师能为本科生科研创新项目提供充分指导和咨询,80.5%的研究生表示学校的电子信息设备及网络条件能够满足学习需求。39.9%的本科生和32.1%的研究生认为科研创新项目资源有限是阻碍学生参与科研创新项目的原因。

(一)科技育人成果

1. 本科生、研究生发表学术期刊、学术会议论文的情况

表8-1　不同类型普通本科高校本科生发表学术期刊、学术会议论文的情况(2018—2019年)

高校类型	2019年				2018年			
	发表学术期刊论文		发表会议论文		发表学术期刊论文		发表会议论文	
	发表的比例(%)	其中:发表的均值(篇)	发表的比例(%)	其中:发表的均值(篇)	发表的比例(%)	其中:发表的均值(篇)	发表的比例(%)	其中:发表的均值(篇)
理工院校	13.7	1.53	7.8	1.50	16.7	1.61	10.8	1.51
农林院校	11.8	1.52	7.1	1.59	19.5	1.66	8.9	1.43

高校类型	2019年				2018年			
	发表学术期刊论文		发表会议论文		发表学术期刊论文		发表会议论文	
	发表的比例（%）	其中：发表的均值（篇）	发表的比例（%）	其中：发表的均值（篇）	发表的比例（%）	其中：发表的均值（篇）	发表的比例（%）	其中：发表的均值（篇）
医药院校	13.9	1.53	6.8	1.52	15.7	1.69	9.1	1.67
综合大学	15.7	1.62	8.2	1.48	18.4	1.60	11.3	1.64
其他高校	10.9	1.63	7.5	1.65	14.5	1.59	10.0	1.53
总计	13.3	1.57	7.6	1.54	16.8	1.62	10.4	1.55

* "其中"是指所有学生中参加过此类创新活动的学生。下同。

表8-2　不同隶属普通本科高校本科生发表学术期刊、学术会议论文的情况（2018—2019年）

高校隶属	2019年				2018年			
	发表学术期刊论文		发表会议论文		发表学术期刊论文		发表会议论文	
	发表的比例（%）	其中：发表的均值（篇）	发表的比例（%）	其中：发表的均值（篇）	发表的比例（%）	其中：发表的均值（篇）	发表的比例（%）	其中：发表的均值（篇）
中央	22.0	1.52	11.5	1.35	22.5	1.53	10.9	1.37
中央教育部门	21.7	1.52	11.1	1.36	23.7	1.54	11.1	1.32
中央其他部门	23.9	1.53	14.2	1.32	14.2	1.35	9.2	1.76
地方	12.7	1.57	7.2	1.54	15.8	1.64	9.9	1.59
地方教育部门	12.7	1.57	7.2	1.54	15.9	1.64	9.9	1.59
地方其他部门	11.6	1.31	7.5	1.37	13.9	1.50	10.2	1.58
民办	7.3	1.83	7.0	2.04	17.2	1.64	21.2	1.49
总计	13.3	1.57	7.6	1.54	16.8	1.62	10.4	1.55

表8-3　按"双一流"建设项目分普通本科高校本科生发表学术期刊、
学术会议论文的情况（2018—2019年）

高校分类	2019年				2018年			
	发表学术期刊论文		发表会议论文		发表学术期刊论文		发表会议论文	
	发表的比例（%）	其中：发表的均值（篇）	发表的比例（%）	其中：发表的均值（篇）	发表的比例（%）	其中：发表的均值（篇）	发表的比例（%）	其中：发表的均值（篇）
"双一流"建设高校	20.9	1.67	10.1	1.41	20.4	1.63	10.2	1.46

高校分类	2019年				2018年			
	发表学术期刊论文		发表会议论文		发表学术期刊论文		发表会议论文	
	发表的比例（％）	其中：发表的均值（篇）	发表的比例（％）	其中：发表的均值（篇）	发表的比例（％）	其中：发表的均值（篇）	发表的比例（％）	其中：发表的均值（篇）
其他高校	11.2	1.52	7.0	1.59	15.4	1.61	10.5	1.58
总计	13.3	1.57	7.6	1.54	16.8	1.62	10.4	1.55

表8-4　不同类型普通本科高校研究生发表学术期刊论文的情况（2018—2019年）

年份	高校类型	以"一作"发表期刊论文			以"非一作"发表期刊论文		
		发表的比例（％）	其中：发表的均值（篇）	其中：被SCI、EI、SSCI等收入的均值（篇）	发表的比例（％）	其中：发表的均值（篇）	其中：被SCI、EI、SSCI等收入的均值（篇）
2019年	理工院校	49.2	2.06	2.04	50.2	2.55	2.36
	农林院校	55.1	2.37	2.08	59.6	3.06	2.65
	医药院校	69.9	1.95	1.68	62.7	2.75	2.39
	综合大学	53.1	2.19	2.10	47.7	2.72	2.65
	其他高校	50.1	2.12	1.83	33.1	2.30	2.23
	总计	52.9	2.12	2.00	48.0	2.64	2.47
2018年	理工院校	45.4	2.17	2.14	49.0	2.50	2.33
	农林院校	48.4	2.19	1.91	51.9	2.80	2.19
	医药院校	57.6	2.05	1.75	52.1	2.85	2.27
	综合大学	49.3	2.24	2.03	45.8	2.71	2.61
	其他高校	47.8	2.03	1.74	34.5	2.07	2.01
	总计	48.9	2.14	1.97	46.2	2.58	2.34

表8-5 不同隶属普通本科高校研究生发表学术期刊论文的情况（2018—2019年）

年份	高校隶属	以"一作"发表期刊论文			以"非一作"发表期刊论文		
		发表的比例（%）	其中：发表的均值（篇）	其中：被SCI、EI、SSCI等收入的均值（篇）	发表的比例（%）	其中：发表的均值（篇）	其中：被SCI、EI、SSCI等收入的均值（篇）
2019年	中央	50.1	2.41	2.35	51.0	2.95	2.83
	中央教育部门	50.8	2.40	2.35	52.5	2.93	2.82
	中央其他部门	45.3	2.43	2.33	40.8	3.09	2.91
	地方	53.6	2.05	1.86	47.2	2.55	2.33
	地方教育部门	53.6	2.05	1.86	47.2	2.55	2.33
	地方其他部门	0.0	—	—	0.0	—	—
	民办	37.5	1.33	0.00	25.0	2.50	0.00
	总计	52.9	2.12	2.00	48.0	2.64	2.47
2018年	中央	52.7	2.48	2.30	52.4	2.88	2.78
	中央教育部门	52.9	2.48	2.28	51.7	2.91	2.83
	中央其他部门	51.6	2.49	2.38	56.5	2.75	2.55
	地方	48.1	2.07	1.86	44.9	2.51	2.20
	地方教育部门	47.1	1.38	1.80	44.9	2.51	2.20
	地方其他部门	48.1	2.07	1.86	48.0	2.75	3.50
	民办	52.0	1.69	1.50	47.1	1.63	1.00
	总计	48.9	2.14	1.97	46.2	2.58	2.34

表8-6 按"双一流"建设项目分普通本科高校研究生发表学术期刊论文的情况（2018—2019年）

年份	高校分类	以"一作"发表期刊论文			以"非一作"发表期刊论文		
		发表的比例（%）	其中：发表的均值（篇）	其中：被SCI、EI、SSCI等收入的均值（篇）	发表的比例（%）	其中：发表的均值（篇）	其中：被SCI、EI、SSCI等收入的均值（篇）
2019年	"双一流"建设高校	54.3	2.27	2.18	51.9	2.83	2.67
	其他高校	51.9	2.02	1.80	45.4	2.49	2.25
	总计	52.9	2.12	2.00	48.0	2.64	2.47

年份	高校分类	以"一作"发表期刊论文			以"非一作"发表期刊论文		
		发表的比例（%）	其中：发表的均值（篇）	其中：被SCI、EI、SSCI等收入的均值（篇）	发表的比例（%）	其中：发表的均值（篇）	其中：被SCI、EI、SSCI等收入的均值（篇）
2018年	"双一流"建设高校	50.9	2.35	2.15	48.9	2.82	2.63
	其他高校	47.8	2.02	1.83	44.8	2.44	2.13
	总计	48.9	2.14	1.97	46.2	2.58	2.34

2. 本科生、研究生参加省部级及以上大赛及获奖情况

表8-7 不同类型普通本科高校本科生参加省部级及以上大赛及获奖情况（2018—2019年）

高校类型	2019年				2018年			
	创新创业大赛		科技学术类竞赛		创新创业大赛		科技学术类竞赛	
	获奖的比例（%）	其中：获奖的均值（个）	获奖的比例（%）	其中：获奖的均值（个）	获奖的比例（%）	其中：获奖的均值（个）	获奖的比例（%）	其中：获奖的均值（个）
理工院校	11.5	1.85	12.8	2.29	17.6	1.79	19.2	2.09
农林院校	8.3	1.88	8.3	2.07	15.3	1.84	14.2	2.01
医药院校	8.0	1.68	5.7	1.57	9.8	1.68	5.4	1.74
综合大学	12.1	1.73	12.5	2.09	13.6	1.69	14.6	1.98
其他高校	9.1	1.55	8.1	1.94	11.5	1.62	10.2	1.88
总计	10.4	1.75	10.4	2.12	14.5	1.74	14.5	2.02

表8-8 不同隶属普通本科高校本科生参加省部级及以上大赛及获奖情况（2018—2019年）

高校隶属	2019年				2018年			
	创新创业大赛		科技学术类竞赛		创新创业大赛		科技学术类竞赛	
	获奖的比例（%）	其中：获奖的均值（个）	获奖的比例（%）	其中：获奖的均值（个）	获奖的比例（%）	其中：获奖的均值（个）	获奖的比例（%）	其中：获奖的均值（个）
中央	16.7	1.79	20.4	2.26	16.3	1.76	19.7	2.01

续表

高校隶属	2019年				2018年			
	创新创业大赛		科技学术类竞赛		创新创业大赛		科技学术类竞赛	
	获奖的比例（%）	其中：获奖的均值（个）	获奖的比例（%）	其中：获奖的均值（个）	获奖的比例（%）	其中：获奖的均值（个）	获奖的比例（%）	其中：获奖的均值（个）
中央教育部门	15.9	1.71	19.9	2.27	16.0	1.74	19.5	1.99
中央其他部门	21.8	2.14	24.1	2.23	18.7	1.90	21.2	2.12
地方	10.1	1.74	9.8	2.09	14.4	1.72	13.8	2.02
地方教育部门	10.1	1.75	9.8	2.09	14.5	1.73	13.9	2.04
地方其他部门	9.3	1.37	4.5	1.24	10.5	1.52	11.6	1.53
民办	4.5	1.76	3.6	1.91	9.6	2.28	8.6	2.07
总计	10.4	1.75	10.4	2.12	14.5	1.74	14.5	2.02

表8-9 按"双一流"建设项目分普通本科高校本科生参加省部级
及以上大赛及获奖情况（2018—2019年）

高校分类	2019年				2018年			
	创新创业大赛		科技学术类竞赛		创新创业大赛		科技学术类竞赛	
	获奖的比例（%）	其中：获奖的均值（个）	获奖的比例（%）	其中：获奖的均值（个）	获奖的比例（%）	其中：获奖的均值（个）	获奖的比例（%）	其中：获奖的均值（个）
"双一流"建设高校	16.0	1.77	18.0	2.21	15.7	1.72	18.0	2.02
其他高校	8.9	1.74	8.4	2.06	14.0	1.75	13.1	2.02
总计	10.4	1.75	10.4	2.12	14.5	1.74	14.5	2.02

表8-10 不同类型普通本科高校研究生参加省部级及以上大赛及获奖情况（2018—2019年）

高校类型	2019年				2018年			
	创新创业大赛		科技学术类竞赛		创新创业大赛		科技学术类竞赛	
	获奖的比例（%）	其中：获奖的均值（个）	获奖的比例（%）	其中：获奖的均值（个）	获奖的比例（%）	其中：获奖的均值（个）	获奖的比例（%）	其中：获奖的均值（个）
理工院校	10.0	1.56	14.1	1.81	12.3	1.64	15.9	1.79
农林院校	7.6	1.60	8.3	1.73	10.5	1.47	10.4	1.65
医药院校	6.5	1.88	5.0	1.65	4.0	1.54	3.6	1.58
综合大学	6.3	1.59	9.2	1.57	7.9	1.70	9.2	1.86

高校类型	2019年				2018年			
	创新创业大赛		科技学术类竞赛		创新创业大赛		科技学术类竞赛	
	获奖的比例（%）	其中：获奖的均值（个）	获奖的比例（%）	其中：获奖的均值（个）	获奖的比例（%）	其中：获奖的均值（个）	获奖的比例（%）	其中：获奖的均值（个）
其他高校	6.7	1.61	8.6	1.90	8.2	1.69	9.9	2.19
总计	7.8	1.60	10.3	1.75	9.1	1.63	10.8	1.85

表8-11 不同隶属普通本科高校研究生参加省部级及以上大赛及获奖情况（2018—2019年）

高校隶属	2019年				2018年			
	创新创业大赛		科技学术类竞赛		创新创业大赛		科技学术类竞赛	
	获奖的比例（%）	其中：获奖的均值（个）	获奖的比例（%）	其中：获奖的均值（个）	获奖的比例（%）	其中：获奖的均值（个）	获奖的比例（%）	其中：获奖的均值（个）
中央	6.7	1.59	10.0	1.82	7.8	1.74	10.8	1.80
中央教育部门	6.3	1.60	9.4	1.78	8.1	1.69	11.1	1.75
中央其他部门	9.5	1.54	14.2	1.99	5.6	2.17	9.1	2.10
地方	8.1	1.61	10.4	1.73	9.3	1.61	10.8	1.86
地方教育部门	8.1	1.61	10.3	1.73	9.3	1.61	10.8	1.86
地方其他部门	0.0	—	100.0	3.00	4.0	8.00	0.0	—
民办	0.0	—	25.0	1.50	11.8	1.50	11.8	2.50
总计	7.8	1.60	10.3	1.75	9.1	1.63	10.8	1.85

表8-12 按"双一流"建设项目分普通本科高校研究生参加省部级
及以上大赛及获奖情况（2018—2019年）

高校分类	2019年				2018年			
	创新创业大赛		科技学术类竞赛		创新创业大赛		科技学术类竞赛	
	获奖的比例（%）	其中：获奖的均值（个）	获奖的比例（%）	其中：获奖的均值（个）	获奖的比例（%）	其中：获奖的均值（个）	获奖的比例（%）	其中：获奖的均值（个）
"双一流"建设高校	6.8	1.61	9.7	1.78	7.4	1.66	9.6	1.79
其他高校	8.4	1.60	10.7	1.73	10.0	1.62	11.5	1.87
总计	7.8	1.60	10.3	1.75	9.1	1.63	10.8	1.85

3. 本科生、研究生申请专利与获得专利授权的情况

表8-13　不同类型普通本科高校本科生申请专利与获得专利授权情况（2018—2019年）

| 高校类型 | 2019年 | | | | 2018年 | | | |
| | 独立申请专利 | | 获得专利授权 | | 独立申请专利 | | 获得专利授权 | |
	申请的比例（%）	其中：申请的均值（个）	获得的比例（%）	其中：获得的均值（个）	申请的比例（%）	其中：申请的均值（个）	获得的比例（%）	其中：获得的均值（个）
理工院校	5.2	1.85	5.3	1.67	8.4	1.93	7.6	1.64
农林院校	2.7	2.00	3.1	2.03	4.7	2.10	5.3	1.77
医药院校	1.6	1.63	2.1	1.90	2.3	1.66	2.1	1.69
综合大学	4.4	1.91	4.9	1.85	5.3	1.81	4.3	1.95
其他高校	1.9	1.73	2.3	1.69	3.2	1.75	3.3	1.68
总计	3.7	1.85	3.9	1.76	5.7	1.89	5.2	1.71

表8-14　不同隶属普通本科高校本科生申请专利与获得专利授权情况（2018—2019年）

| 高校隶属 | 2019年 | | | | 2018年 | | | |
| | 独立申请专利 | | 获得专利授权 | | 独立申请专利 | | 获得专利授权 | |
	申请的比例（%）	其中：申请的均值（个）	获得的比例（%）	其中：获得的均值（个）	申请的比例（%）	其中：申请的均值（个）	获得的比例（%）	其中：获得的均值（个）
中央	8.4	1.87	7.9	1.63	8.0	1.95	6.8	1.60
中央教育部门	8.6	1.91	8.0	1.66	8.1	2.00	7.0	1.63
中央其他部门	7.4	1.58	6.8	1.36	6.7	1.54	5.3	1.37
地方	3.2	1.83	3.7	1.77	5.3	1.86	5.0	1.71
地方教育部门	3.2	1.81	3.7	1.76	5.4	1.86	5.0	1.71
地方其他部门	3.7	2.59	2.8	2.31	3.9	2.00	5.1	1.65
民办	1.7	2.24	1.6	2.67	5.2	2.09	4.4	2.53
总计	3.7	1.85	3.9	1.76	5.7	1.89	5.2	1.71

表8-15 按"双一流"建设项目分普通本科高校本科生申请专利与获得专利授权情况（2018—2019年）

高校分类	2019年				2018年			
	独立申请专利		获得专利授权		独立申请专利		获得专利授权	
	申请的比例（%）	其中：申请的均值（个）	获得的比例（%）	其中：获得的均值（个）	申请的比例（%）	其中：申请的均值（个）	获得的比例（%）	其中：获得的均值（个）
"双一流"建设高校	6.8	1.84	7.2	1.66	7.2	1.83	5.8	1.66
其他高校	2.8	1.86	3.1	1.83	5.1	1.92	5.0	1.74
总计	3.7	1.85	3.9	1.76	5.7	1.89	5.2	1.71

表8-16 不同类型普通本科高校研究生申请专利与获得专利授权情况（2018—2019年）

高校类型	2019年				2018年			
	独立申请专利		获得专利授权		独立申请专利		获得专利授权	
	申请的比例（%）	其中：申请的均值（个）	获得的比例（%）	其中：获得的均值（个）	申请的比例（%）	其中：申请的均值（个）	获得的比例（%）	其中：获得的均值（个）
理工院校	24.3	2.16	16.3	1.87	25.1	2.36	16.6	1.97
农林院校	16.0	2.37	13.3	2.13	14.5	2.35	13.0	2.08
医药院校	6.5	1.90	4.4	1.58	4.4	1.65	4.1	1.51
综合大学	15.7	2.64	10.8	1.93	15.8	2.52	9.6	2.06
其他高校	5.4	2.05	4.3	1.91	4.7	2.15	3.9	1.92
总计	15.7	2.30	11.0	1.91	15.0	2.36	10.3	1.98

表8-17 不同隶属普通本科高校研究生申请专利与获得专利授权情况（2018—2019年）

高校隶属	2019年				2018年			
	独立申请专利		获得专利授权		独立申请专利		获得专利授权	
	申请的比例（%）	其中：申请的均值（个）	获得的比例（%）	其中：获得的均值（个）	申请的比例（%）	其中：申请的均值（个）	获得的比例（%）	其中：获得的均值（个）
中央	20.2	2.24	13.6	1.86	18.6	2.12	11.7	1.82
中央教育部门	20.1	2.16	13.5	1.83	17.6	2.16	11.3	1.88
中央其他部门	20.6	2.77	14.2	2.06	24.1	1.94	14.3	1.54
地方	14.5	2.32	10.3	1.93	14.2	2.43	10.0	2.01

续表

高校隶属	2019年				2018年			
	独立申请专利		获得专利授权		独立申请专利		获得专利授权	
	申请的比例（%）	其中：申请的均值（个）	获得的比例（%）	其中：获得的均值（个）	申请的比例（%）	其中：申请的均值（个）	获得的比例（%）	其中：获得的均值（个）
地方教育部门	14.5	2.32	10.3	1.93	14.2	2.43	10.0	2.02
地方其他部门	0.0	—	0.0	—	4.0	1.00	8.0	1.00
民办	12.5	1.00	25.0	1.00	23.5	1.75	23.5	1.00
总计	15.7	2.30	11.0	1.91	15.0	2.36	10.3	1.98

表8-18　按"双一流"建设项目分普通本科高校研究生申请专利与获得专利授权情况（2018—2019年）

高校分类	2019年				2018年			
	独立申请专利		获得专利授权		独立申请专利		获得专利授权	
	申请的比例（%）	其中：申请的均值（个）	获得的比例（%）	其中：获得的均值（个）	申请的比例（%）	其中：申请的均值（个）	获得的比例（%）	其中：获得的均值（个）
"双一流"建设高校	17.5	2.18	12.4	1.80	17.3	2.15	11.4	1.92
其他高校	14.5	2.40	10.0	2.00	13.7	2.51	9.7	2.01
总计	15.7	2.30	11.0	1.91	15.0	2.36	10.3	1.98

4. 本科生完成的软件开发设计与改进试验情况

表8-19　不同类型普通本科高校本科生完成软件开发设计与改进试验情况（2018—2019年）

高校类型	2019年				2018年			
	完成软件开发设计		完成改进试验		完成软件开发设计		完成改进试验	
	人数比例（%）	其中：软件开发设计的均值（个）	人数比例（%）	其中：改进试验的均值（个）	人数比例（%）	其中：软件开发设计的均值（个）	人数比例（%）	其中：改进试验的均值（个）
理工院校	8.6	1.92	14.0	1.60	12.1	1.86	19.8	1.61
农林院校	4.0	1.81	11.3	1.55	6.5	1.63	19.2	1.50

高校类型	2019年				2018年			
	完成软件开发设计		完成改进试验		完成软件开发设计		完成改进试验	
	人数比例（%）	其中：软件开发设计的均值（个）	人数比例（%）	其中：改进试验的均值（个）	人数比例（%）	其中：软件开发设计的均值（个）	人数比例（%）	其中：改进试验的均值（个）
医药院校	2.3	1.89	11.2	1.54	3.1	1.55	16.1	1.39
综合大学	6.0	1.95	13.0	1.56	11.2	1.87	18.7	1.69
其他高校	4.3	1.73	7.9	1.60	6.5	1.61	13.6	1.59
总计	5.9	1.89	11.8	1.58	9.3	1.80	17.8	1.59

表8-20 不同隶属普通本科高校本科生完成软件开发设计与改进试验情况（2018—2019年）

高校隶属	2019年				2018年			
	完成软件开发设计		完成改进试验		完成软件开发设计		完成改进试验	
	人数比例（%）	其中：软件开发设计的均值（个）	人数比例（%）	其中：改进试验的均值（个）	人数比例（%）	其中：软件开发设计的均值（个）	人数比例（%）	其中：改进试验的均值（个）
中央	14.4	1.99	23.3	1.48	15.0	1.69	23.4	1.54
中央教育部门	13.7	2.02	22.8	1.48	15.3	1.71	24.0	1.53
中央其他部门	18.5	1.86	26.3	1.44	12.8	1.57	18.9	1.60
地方	5.1	1.85	10.9	1.59	8.3	1.84	16.9	1.60
地方教育部门	5.1	1.86	10.9	1.59	8.5	1.85	17.0	1.61
地方其他部门	5.8	1.48	11.4	1.83	5.7	1.44	13.5	1.53
民办	3.3	1.86	5.8	1.92	10.7	1.72	18.0	1.71
总计	5.9	1.89	11.8	1.58	9.3	1.80	17.8	1.59

表8-21 按"双一流"建设项目分普通本科高校本科生完成软件
开发设计与改进试验情况（2018—2019年）

高校分类	2019年				2018年			
	完成软件开发设计		完成改进试验		完成软件开发设计		完成改进试验	
	人数比例（%）	其中：软件开发设计的均值（个）	人数比例（%）	其中：改进试验的均值（个）	人数比例（%）	其中：软件开发设计的均值（个）	人数比例（%）	其中：改进试验的均值（个）
"双一流"建设高校	11.0	1.98	18.9	1.54	12.4	1.75	20.6	1.55
其他高校	4.6	1.82	9.9	1.60	8.2	1.83	16.8	1.62
总计	5.9	1.89	11.8	1.58	9.3	1.80	17.8	1.59

5. 本科生、研究生独立参加学术会议报告情况

表8-22 不同类型普通本科高校本科生和研究生独立参加学术会议报告情况（2018—2019年）

高校类型	2019年				2018年			
	本科生		研究生		本科生		研究生	
	参加比例（%）	其中：平均参加次数（次）	参加比例（%）	其中：平均参加次数（次）	参加比例（%）	其中：平均参加次数（次）	参加比例（%）	其中：平均参加次数（次）
理工院校	3.8	1.98	24.2	1.98	6.1	2.10	23.8	2.03
农林院校	3.3	1.86	23.9	2.01	4.4	1.74	23.7	1.99
医药院校	2.8	2.11	15.3	2.06	4.3	1.50	19.2	1.93
综合大学	3.3	2.08	22.1	2.11	6.0	2.11	24.7	1.97
其他高校	3.4	2.03	18.8	1.97	5.7	1.96	18.8	2.01
总计	3.4	2.01	21.7	2.02	5.6	2.00	22.4	2.00

表8-23　不同隶属普通本科高校本科生和研究生独立参加学术会议报告情况（2018—2019年）

高校隶属	2019年				2018年			
	本科生		研究生		本科生		研究生	
	参加比例（%）	其中：平均参加次数（次）	参加比例（%）	其中：平均参加次数（次）	参加比例（%）	其中：平均参加次数（次）	参加比例（%）	其中：平均参加次数（次）
中央	4.4	1.65	29.0	2.13	5.1	1.68	31.0	2.13
中央教育部门	4.5	1.71	29.4	2.13	5.0	1.66	29.9	2.21
中央其他部门	4.3	1.29	26.5	2.08	6.1	1.82	37.4	1.79
地方	3.2	2.04	19.7	1.98	5.5	2.02	20.6	1.95
地方教育部门	3.2	2.05	19.7	1.98	5.5	2.04	20.6	1.96
地方其他部门	3.0	1.50	0.0	–	6.2	1.69	16.0	2.25
民办	4.8	2.29	25.0	1.00	10.4	2.40	17.6	1.00
总计	3.4	2.01	21.7	2.02	5.6	2.00	22.4	2.00

表8-24　按"双一流"建设项目分普通本科高校本科生和研究生
独立参加学术会议报告情况（2018—2019年）

高校分类	2019年				2018年			
	本科生		研究生		本科生		研究生	
	参加比例（%）	其中：平均参加次数（次）	参加比例（%）	其中：平均参加次数（次）	参加比例（%）	其中：平均参加次数（次）	参加比例（%）	其中：平均参加次数（次）
"双一流"建设高校	4.2	1.83	25.9	2.11	4.8	1.86	27.3	2.07
其他高校	3.2	2.07	18.9	1.94	5.9	2.04	19.7	1.94
总计	3.4	2.01	21.7	2.02	5.6	2.00	22.4	2.00

6. 本科生、研究生参加创新创业和科技学术竞赛的情况

表8-25　不同类型普通本科高校本科生参加创新创业和科技学术竞赛的情况（2018—2019年）

| 高校类型 | 2019年 | | | | 2018年 | | | |
| | 创新创业竞赛 | | 科技学术竞赛 | | 创新创业竞赛 | | 科技学术竞赛 | |
	参加比例（%）	其中：平均参加次数（次）	参加比例（%）	其中：平均参加次数（次）	参加比例（%）	其中：平均参加次数（次）	参加比例（%）	其中：平均参加次数（次）
理工院校	54.9	1.97	43.1	2.48	61.3	2.01	53.5	2.51
农林院校	42.4	1.78	26.6	2.14	60.0	1.76	43.8	2.18
医药院校	42.4	1.62	22.7	1.78	48.0	1.48	22.1	1.67
综合大学	54.0	1.77	37.2	2.26	53.1	1.82	43.2	2.29
其他高校	44.2	1.76	27.6	2.19	51.4	1.73	33.9	2.08
总计	49.6	1.83	34.4	2.30	56.0	1.85	43.2	2.32

表8-26　不同隶属普通本科高校本科生参加创新创业和科技学术竞赛的情况（2018—2019年）

| 高校隶属 | 2019年 | | | | 2018年 | | | |
| | 创新创业竞赛 | | 科技学术竞赛 | | 创新创业竞赛 | | 科技学术竞赛 | |
	参加比例（%）	其中：平均参加次数（次）	参加比例（%）	其中：平均参加次数（次）	参加比例（%）	其中：平均参加次数（次）	参加比例（%）	其中：平均参加次数（次）
中央	66.7	1.81	53.2	2.64	65.1	1.75	52.3	2.42
中央教育部门	66.4	1.72	52.0	2.64	66.0	1.73	52.5	2.41
中央其他部门	68.1	2.33	61.3	2.69	59.4	1.93	50.6	2.49
地方	49.6	1.84	33.5	2.23	55.0	1.86	42.1	2.29
地方教育部门	49.7	1.84	33.5	2.24	55.5	1.87	42.3	2.31
地方其他部门	40.7	1.86	33.4	1.83	44.4	1.66	38.7	1.94
民办	25.6	1.83	18.0	2.16	42.9	2.15	31.9	2.41
总计	49.6	1.83	34.4	2.30	56.0	1.85	43.2	2.32

表8-27　按"双一流"建设项目分普通本科高校本科生参加创新创业
和科技学术竞赛的情况（2018—2019年）

高校分类	2019年				2018年			
	创新创业竞赛		科技学术竞赛		创新创业竞赛		科技学术竞赛	
	参加比例（%）	其中：平均参加次数（次）	参加比例（%）	其中：平均参加次数（次）	参加比例（%）	其中：平均参加次数（次）	参加比例（%）	其中：平均参加次数（次）
"双一流"建设高校	60.5	1.85	46.3	2.54	61.1	1.78	49.8	2.42
其他高校	46.7	1.83	31.3	2.20	54.1	1.88	40.6	2.26
总计	49.6	1.83	34.4	2.30	56.0	1.85	43.2	2.32

表8-28　不同类型普通本科高校研究生参加创新创业和科技学术竞赛的情况（2018—2019年）

高校类型	2019年				2018年			
	创新创业竞赛		科技学术竞赛		创新创业竞赛		科技学术竞赛	
	参加比例（%）	其中：平均参加次数（次）	参加比例（%）	其中：平均参加次数（次）	参加比例（%）	其中：平均参加次数（次）	参加比例（%）	其中：平均参加次数（次）
理工院校	35.2	1.70	38.0	1.90	39.2	1.71	41.7	1.90
农林院校	28.6	1.55	27.0	1.74	32.8	1.56	31.2	1.78
医药院校	25.9	1.60	18.0	1.64	21.8	1.40	16.1	1.45
综合大学	29.7	1.51	28.5	1.70	30.3	1.57	30.8	1.70
其他高校	30.7	1.53	29.8	1.83	30.7	1.59	30.2	2.01
总计	31.3	1.60	30.9	1.81	32.3	1.61	32.1	1.83

表8-29　不同隶属普通本科高校研究生参加创新创业和科技学术竞赛的情况（2018—2019年）

高校隶属	2019年				2018年			
	创新创业竞赛		科技学术竞赛		创新创业竞赛		科技学术竞赛	
	参加比例（%）	其中：平均参加次数（次）	参加比例（%）	其中：平均参加次数（次）	参加比例（%）	其中：平均参加次数（次）	参加比例（%）	其中：平均参加次数（次）
中央	28.4	1.57	29.2	1.83	27.9	1.64	30.4	1.86
中央教育部门	27.3	1.54	28.4	1.82	28.6	1.62	30.3	1.89
中央其他部门	36.4	1.69	34.4	1.89	23.6	1.78	31.3	1.67

续表

高校隶属	2019年				2018年			
	创新创业竞赛		科技学术竞赛		创新创业竞赛		科技学术竞赛	
	参加比例（%）	其中：平均参加次数（次）	参加比例（%）	其中：平均参加次数（次）	参加比例（%）	其中：平均参加次数（次）	参加比例（%）	其中：平均参加次数（次）
地方	32.1	1.61	31.3	1.80	33.2	1.61	32.5	1.82
地方教育部门	32.1	1.61	31.3	1.80	33.2	1.60	32.5	1.82
地方其他部门	0.0	0.00	100.0	3.00	8.0	1.00	12.0	1.00
民办	25.0	1.00	37.5	1.67	29.4	2.80	17.6	6.33
总计	31.3	1.60	30.9	1.81	32.3	1.61	32.1	1.83

表8-30 按"双一流"建设项目分普通本科高校研究生参加创新创业和科技学术竞赛的情况（2018—2019年）

高校分类	2019年				2018年			
	创新创业竞赛		科技学术竞赛		创新创业竞赛		科技学术竞赛	
	参加比例（%）	其中：平均参加次数（次）	参加比例（%）	其中：平均参加次数（次）	参加比例（%）	其中：平均参加次数（次）	参加比例（%）	其中：平均参加次数（次）
"双一流"建设高校	28.1	1.55	28.1	1.81	28.3	1.61	29.6	1.79
其他高校	33.5	1.62	32.7	1.81	34.4	1.61	33.5	1.84
总计	31.3	1.60	30.9	1.81	32.3	1.61	32.1	1.83

7. 本科生、研究生综合能力提升情况

表8-31 普通本科高校本科生认为参加科技创新活动所提高的能力（2018—2019年）

单位：%

能力	2019年					2018年				
	没有提高	提高较少	一般	较大提高	极大提高	没有提高	有点提高	一般	较大提高	极大提高
深厚的专业知识与技能	1.5	5.8	36.4	39.5	16.7	1.5	5.9	31.8	41.1	19.7
跨学科的知识与技能	1.8	8.4	39.1	35.5	15.2	1.7	8.4	35.2	36.6	18.1

能力	2019年					2018年				
	没有提高	提高较少	一般	较大提高	极大提高	没有提高	有点提高	一般	较大提高	极大提高
良好的学术写作和口头汇报能力	1.6	6.6	35.7	38.2	17.9	1.4	6.7	32.0	39.1	20.8
组织领导团队的能力	1.5	6.3	35.5	37.4	19.3	1.4	6.3	31.6	38.8	21.9
与他人有效合作	1.1	4.3	29.0	42.7	22.9	1.2	4.5	25.4	43.2	25.7
自主学习和探索	1.1	4.3	29.2	42.0	23.4	1.1	4.2	25.8	42.4	26.5
批判性思维	1.2	5.4	34.5	39.3	19.5	1.2	5.4	30.5	40.5	22.3
创造性思维	1.2	5.2	34.1	39.8	19.6	1.2	5.4	29.9	40.8	22.7
逻辑严密地思考问题	1.2	4.9	32.4	41.0	20.5	1.2	4.7	27.9	42.1	24.1
独立设计研究计划	1.6	7.5	36.8	36.2	17.9	1.5	7.1	32.1	38.3	21.0
把握学科发展前沿	1.8	8.0	38.6	35.1	16.5	1.7	7.8	34.2	36.6	19.7
运用多学科的知识和方法进行创新	1.7	7.7	36.6	36.4	17.5	1.5	7.3	32.2	38.4	20.6
整合多种资源解决现实中的复杂问题	1.6	6.8	36.3	37.2	18.1	1.5	6.8	31.6	38.7	21.4
喜欢从事创新性的活动	1.7	7.0	36.5	36.0	18.7	1.6	6.8	31.9	37.7	21.9

表8-32　普通本科高校研究生认为参加科技创新活动所提高的能力（2018—2019年）

单位：%

能力	2019年				2018年				
	没有提高	有点提高	较大提高	极大提高	没有提高	提高较少	一般	较大提高	极大提高
深厚的专业知识与技能	0.7	20.7	51.8	26.8	0.8	4.0	25.8	46.0	23.4
跨学科的知识与技能	2.5	30.3	45.4	21.8	1.0	7.0	33.4	39.4	19.2
良好的学术写作和口头汇报能力	0.9	21.8	49.8	27.4	0.7	4.3	25.9	44.9	24.3
组织领导团队的能力	3.1	29.3	45.5	22.0	1.1	6.4	33.3	39.3	20.0
与他人有效合作	1.3	19.8	51.9	26.9	0.7	4.2	25.4	46.0	23.7
自主学习和探索	0.5	13.4	50.2	36.0	0.5	2.4	20.0	46.1	31.0
批判性思维	0.9	20.4	50.0	28.7	0.7	3.9	25.8	44.5	25.2
创造性思维	1.1	22.4	49.5	27.0	0.7	4.4	27.4	43.7	23.9

续表

能力	2019年				2018年				
	没有提高	有点提高	较大提高	极大提高	没有提高	提高较少	一般	较大提高	极大提高
逻辑严密地思考问题	0.6	17.1	51.2	31.1	0.5	3.1	23.0	46.6	26.9
独立设计研究计划	1.1	21.0	49.2	28.8	0.8	4.4	25.7	43.6	25.5
把握学科发展前沿	1.5	24.4	48.7	25.4	0.8	5.1	28.8	42.0	23.3
运用多学科的知识和方法进行创新	1.8	26.1	47.5	24.6	0.9	5.9	30.0	41.2	22.1
整合多种资源解决现实中的复杂问题	1.6	23.9	49.0	25.5	0.8	5.6	28.6	42.6	22.3
喜欢从事创新性的活动	2.6	27.6	46.1	23.7	1.1	6.3	31.0	39.7	21.8

（二）科研活动参与情况

1. 本科生、研究生对教师科技融合育人的看法

表8-33 不同类型普通本科高校本科生对教师将科研成果转化为教学内容的评价（2018—2019年）

单位：%

高校类型	2019年					2018年				
	完全没有	比较少	有一些	比较多	非常多	完全没有	比较少	有一些	比较多	非常多
理工院校	3.1	22.6	41.3	25.4	7.7	2.9	20.7	41.0	26.9	8.5
农林院校	2.5	21.7	44.9	25.5	5.4	1.8	21.3	39.2	29.5	8.2
医药院校	3.3	25.2	44.0	22.8	4.7	3.0	21.6	43.4	24.2	7.8
综合大学	2.1	19.9	43.5	27.9	6.6	2.5	21.3	41.3	27.3	7.6
其他高校	2.4	19.7	43.6	27.6	6.7	2.7	21.9	42.1	26.2	7.1
总计	2.7	21.5	42.9	26.2	6.7	2.7	21.2	41.4	26.8	7.9

表8-34　不同类型普通本科高校研究生对教师将科研成果转化为教学内容的评价（2018—2019年）

单位：%

高校类型	2019年					2018年				
	完全没有	比较少	有一些	比较多	非常多	完全没有	比较少	有一些	比较多	非常多
理工院校	2.1	14.3	30.9	40.9	11.9	2.2	17.3	35.9	31.9	12.7
农林院校	1.1	12.9	30.9	41.0	14.2	1.5	14.7	33.9	36.5	13.5
医药院校	1.6	12.8	30.8	41.1	13.8	2.7	19.7	39.0	27.6	11.1
综合大学	1.9	14.4	32.1	38.5	13.1	1.6	16.5	34.6	35.8	11.6
其他高校	1.3	13.3	29.3	41.2	14.9	2.2	14.0	37.1	33.8	12.8
总计	1.7	13.9	30.9	40.3	13.2	2.1	16.6	36.0	33.0	12.3

表8-35　不同隶属普通本科高校本科生对教师将科研成果转化为教学内容的评价（2018—2019年）

单位：%

高校隶属	2019年					2018年				
	完全没有	比较少	有一些	比较多	非常多	完全没有	比较少	有一些	比较多	非常多
中央	1.1	16.7	38.3	32.2	11.6	2.0	20.2	41.0	27.6	9.1
中央教育部门	1.1	15.9	37.7	32.9	12.4	2.0	19.7	40.6	28.2	9.5
中央其他部门	1.4	21.8	42.2	28.2	6.4	1.9	24.0	43.5	23.7	7.0
地方	2.8	22.0	43.3	25.7	6.2	2.7	21.4	41.5	26.7	7.6
地方教育部门	2.8	22.1	43.3	25.7	6.1	2.7	21.6	41.7	26.5	7.6
地方其他部门	1.9	15.9	43.5	29.7	8.8	2.3	17.7	38.4	32.1	9.5
民办	3.8	22.3	45.8	22.9	5.3	5.3	20.6	38.8	26.3	9.0
总计	2.7	21.5	42.9	26.2	6.7	2.7	21.2	41.4	26.8	7.9

表8-36　不同隶属普通本科高校研究生对教师将科研成果转化为教学内容的评价（2018—2019年）

单位：%

高校隶属	2019年					2018年				
	完全没有	比较少	有一些	比较多	非常多	完全没有	比较少	有一些	比较多	非常多
中央	1.6	13.1	30.4	41.4	13.5	2.2	16.9	35.3	35.0	10.6
中央教育部门	1.6	12.9	30.3	41.5	13.7	2.1	16.7	35.5	34.9	10.7
中央其他部门	1.8	14.9	31.1	40.4	11.8	2.3	17.8	34.1	35.5	10.3

续表

高校隶属	2019年					2018年				
	完全没有	比较少	有一些	比较多	非常多	完全没有	比较少	有一些	比较多	非常多
地方	1.7	14.1	31.0	40.0	13.1	2.0	16.5	36.2	32.6	12.6
地方教育部门	1.7	14.1	31.0	40.0	13.1	2.0	16.5	36.2	32.6	12.6
地方其他部门	0.0	0.0	0.0	0.0	100.0	8.0	24.0	32.0	24.0	12.0
民办	12.5	12.5	50.0	12.5	12.5	—	23.5	35.3	29.4	11.8
总计	1.7	13.9	30.9	40.3	13.2	2.1	16.6	36.0	33.0	12.3

表8-37 按"双一流"建设项目分普通本科高校本科生对教师将科研成果转化为教学内容的评价
（2018—2019年）

单位：%

高校分类	2019年					2018年				
	完全没有	比较少	有一些	比较多	非常多	完全没有	比较少	有一些	比较多	非常多
"双一流"建设高校	1.5	18.4	40.6	30.2	9.3	2.4	21.1	42.2	26.2	8.0
其他高校	3.0	22.3	43.6	25.1	6.0	2.8	21.3	41.0	27.1	7.9
总计	2.7	21.5	42.9	26.2	6.7	2.7	21.2	41.4	26.8	7.9

表8-38 按"双一流"建设项目分普通本科高校研究生对教师将科研成果转化为教学内容的评价
（2018—2019年）

单位：%

高校分类	2019年					2018年				
	完全没有	比较少	有一些	比较多	非常多	完全没有	比较少	有一些	比较多	非常多
"双一流"建设高校	1.8	14.8	31.5	39.3	12.6	1.9	17.4	36.7	33.5	10.4
其他高校	1.6	13.3	30.5	41.0	13.6	2.1	16.1	35.7	32.8	13.3
总计	1.7	13.9	30.9	40.3	13.2	2.1	16.6	36.0	33.0	12.3

表8-39 普通本科高校本科生对教师教学与科研关系的看法（2018—2019年）

单位：%

年份	题项	非常不同意	比较不同意	一般	比较同意	非常同意
2019年	做科研影响老师对教学的投入程度	12.6	27.2	36.6	17.1	6.4
	老师做好教学就可以了，不需要开展科研	42.6	33.1	16.5	5.1	2.7
	那些把科研成果融入教学内容的老师上课更吸引人	1.2	3.3	17.7	41.0	36.8
	大学老师开展科研有助于提升教学水平	1.3	3.7	21.6	42.1	31.3
	相比教学，多数老师更重视科研成果	4.0	17.8	48.2	21.2	8.7
	相比科研，多数老师更重视教学	4.8	19.1	54.8	16.2	5.1
2018年	做科研影响老师对教学的投入程度	13.1	26.7	34.4	18.1	7.6
	老师做好教学就可以了，不需要开展科研	44.9	31.1	14.8	5.7	3.4
	那些把科研成果融入教学内容的老师上课更吸引人	1.4	3.4	15.4	38.7	41.1
	大学老师开展科研有助于提升教学水平	1.5	4.2	18.8	40.3	35.3
	相比教学，多数老师更重视科研成果	4.4	16.4	44.7	23.8	10.6
	相比科研，多数老师更重视教学	5.4	21.8	51.1	15.6	6.0

2. 本科生参与科研课题情况

表8-40 不同类型普通本科高校本科生参与科研课题的情况（2018—2019年）

年份	高校类型	参与教师科研课题的时间（%）					人均参与科研课题的数量（个）	
		从未参与	大一	大二	大三	大四及以上	教师科研课题	独立开展科研
2019年	理工院校	48.2	9.7	26.5	11.8	3.8	0.72	0.29
	农林院校	52.7	5.8	20.8	14.8	5.9	0.69	0.28
	医药院校	41.7	9.1	26.0	14.6	8.6	0.90	0.24
	综合大学	44.9	10.7	29.1	11.8	3.5	0.80	0.36
	其他高校	62.8	8.5	16.9	8.8	3.0	0.49	0.27
	总计	50.8	9.1	24.1	11.7	4.2	0.69	0.29

续表

年份	高校类型	参与教师科研课题的时间（%）					人均参与科研课题的数量（个）	
		从未参与	大一	大二	大三	大四及以上	教师科研课题	独立开展科研
2018年	理工院校	34.2	12.8	34.1	14.0	5.0	1.00	0.65
	农林院校	27.3	14.7	40.4	13.3	4.3	1.03	0.63
	医药院校	33.6	9.2	26.5	16.2	14.5	0.95	0.39
	综合大学	39.7	9.5	30.7	16.0	4.1	0.92	0.71
	其他高校	50.7	11.3	22.8	11.2	4.0	0.72	0.62
	总计	38.2	11.6	30.8	14.0	5.4	0.92	0.63

表8-41　不同隶属普通本科高校本科生参与科研课题的情况（2018—2019年）

年份	高校隶属	参与教师科研课题的时间（%）					人均参与科研课题的数量（个）	
		从未参与	大一	大二	大三	大四及以上	教师科研课题	独立开展科研
2019年	中央	23.0	9.4	42.4	17.8	7.4	1.27	0.53
	中央教育部门	22.5	9.4	44.7	17.3	6.1	1.29	0.53
	中央其他部门	26.1	9.7	28.0	20.6	15.6	1.12	0.58
	地方	52.3	9.1	22.8	11.6	4.1	0.65	0.28
	地方教育部门	52.3	9.1	22.8	11.6	4.1	0.65	0.28
	地方其他部门	52.6	6.0	24.4	12.9	4.1	0.53	0.25
	民办	74.1	8.8	12.2	3.8	1.1	0.39	0.15
	总计	50.8	9.1	24.1	11.7	4.2	0.69	0.29
2018年	中央	19.8	11.2	46.7	16.8	5.4	1.32	0.83
	中央教育部门	17.0	10.5	50.6	16.9	5.1	1.37	0.83
	中央其他部门	39.3	16.4	20.1	16.4	7.8	0.95	0.81
	地方	40.5	11.8	28.6	13.7	5.5	0.86	0.59
	地方教育部门	40.1	12.0	28.8	13.7	5.5	0.86	0.60
	地方其他部门	49.6	7.5	25.4	12.9	4.7	0.77	0.47
	民办	57.1	9.6	18.9	9.8	4.6	0.89	0.73
	总计	38.2	11.6	30.8	14.0	5.4	0.92	0.63

表8-42 按"双一流"建设项目分普通本科高校本科生参与科研课题的情况（2018—2019年）

年份	高校分类	参与教师科研课题的时间（%）					人均参与科研课题的数量（个）	
		从未参与	大一	大二	大三	大四及以上	教师科研课题	独立开展科研
2019年	"双一流"建设高校	32.4	9.9	36.5	15.5	5.6	1.07	0.46
	其他高校	55.8	8.9	20.8	10.6	3.9	0.59	0.25
	总计	50.8	9.1	24.1	11.7	4.2	0.69	0.29
2018年	"双一流"建设高校	26.4	11.7	41.7	15.2	5.1	1.13	0.74
	其他高校	42.7	11.6	26.7	13.5	5.6	0.84	0.58
	总计	38.2	11.6	30.8	14.0	5.4	0.92	0.63

3. 研究生参与科研课题情况

表8-43 不同类型普通本科高校研究生参与科研课题的情况（2018—2019年）

年份	高校类型	初次参与教师科研课题的时间（%）						人均参与教师及个人的科研课题数量（个）	
		硕士生			博士生			硕士生	博士生
		本科阶段	硕士阶段	尚未参与	本科阶段	硕士阶段	博士阶段		
2019年	理工院校	19.1	80.7	0.2	18.5	53.4	28.2	1.79	3.15
	农林院校	28.6	71.2	0.2	25.3	57.1	17.6	1.9	3.12
	医药院校	16.6	83.1	0.2	13.1	59.6	27.2	1.8	3.18
	综合大学	22.2	77.7	0.1	19.0	54.1	26.8	1.68	2.98
	其他高校	18.1	81.7	0.2	11.0	53.5	35.5	1.31	2.60
	总计	20.3	79.6	0.2	17.7	54.6	27.7	1.67	3.00
2018年	理工院校	21.9	78.0	0.2	23.0	53.7	23.3	1.68	3.12
	农林院校	29.0	70.6	0.3	32.0	53.4	14.6	1.84	2.81
	医药院校	15.5	84.3	0.2	12.9	56.6	30.5	1.60	2.70
	综合大学	24.3	75.3	0.4	22.7	52.0	25.3	1.66	2.97
	其他高校	18.5	81.1	0.4	14.8	55.2	30.1	1.21	2.66
	总计	21.6	78.1	0.3	21.1	53.9	25.0	1.58	2.91

表8-44　不同隶属普通本科高校研究生参与科研课题的情况（2018—2019年）

年份	高校隶属	初次参与教师科研课题的时间（%）						人均参与教师及个人的科研课题数量（个）	
		硕士生			博士生			硕士生	博士生
		本科阶段	硕士阶段	尚未参与	本科阶段	硕士阶段	博士阶段		
2019年	中央	29.8	70.0	0.2	25.9	47.4	26.7	1.77	3.16
	中央教育部门	28.6	71.2	0.2	24.8	47.4	27.8	1.75	3.18
	中央其他部门	38.0	61.8	0.3	33.1	47.3	19.5	1.94	3.05
	地方	18.0	81.8	0.2	13.7	58.1	28.2	1.64	2.93
	地方教育部门	18.0	81.8	0.2	13.7	58.1	28.2	1.64	2.93
	地方其他部门	0.0	100.0	0.0	—	—	—	5.00	—
	总计	20.3	79.6	0.2	17.7	54.6	27.7	1.67	3.00
2018年	中央	32.7	67.1	0.2	29.6	48.4	22.1	1.78	3.19
	中央教育部门	33.1	66.6	0.2	29.9	46.8	23.3	1.76	3.23
	中央其他部门	29.8	70.2	0.0	27.9	55.9	16.2	1.89	2.99
	地方	19.7	80.0	0.3	18.0	55.9	26.1	1.55	2.82
	地方教育部门	19.6	80.0	0.3	18.1	55.9	26.1	1.55	2.82
	地方其他部门	4.5	95.5	0.0	33.3	66.7	0.0	1.23	0.00
	总计	21.6	78.1	0.3	21.1	53.9	25.0	1.58	2.91

表8-45　按"双一流"建设项目分普通本科高校研究生参与科研课题的情况（2018—2019年）

年份	高校分类	初次参与教师科研课题的时间（%）						人均参与教师及个人的科研课题数量（个）	
		硕士生			博士生			硕士生	博士生
		本科阶段	硕士阶段	尚未参与	本科阶段	硕士阶段	博士阶段		
2019年	"双一流"建设高校	25.2	74.6	0.2	22.8	51.5	25.7	1.77	3.16
	其他高校	17.2	82.6	0.2	12.6	57.7	29.7	1.61	2.84
	总计	20.3	79.6	0.2	17.7	54.6	27.7	1.67	3.00

年份	高校分类	初次参与教师科研课题的时间（%）						人均参与教师及个人的科研课题数量（个）	
		硕士生			博士生			硕士生	博士生
		本科阶段	硕士阶段	尚未参与	本科阶段	硕士阶段	博士阶段		
2018年	"双一流"建设高校	27.2	72.4	0.3	26.3	50.1	23.6	1.72	3.09
	其他高校	18.8	80.9	0.3	16.3	57.4	26.3	1.52	2.75
	总计	21.6	78.1	0.3	21.1	53.9	25.0	1.58	2.91

4. 研究生参与科研工作的兴趣情况

表8-46 不同类型普通本科高校研究生参与科研工作的兴趣情况（2018—2019年）

单位：%

高校类型	研究生参与科研工作的兴趣情况									
	2019年					2018年				
	没兴趣/讨厌	有一点兴趣	一般	比较有兴趣	非常有兴趣	没兴趣/讨厌	有一点兴趣	一般	比较有兴趣	非常有兴趣
理工院校	1.9	9.1	24.3	48.6	16.1	2.2	10.3	25.4	46.3	15.8
农林院校	1.1	8.7	20.3	50.0	19.9	1.9	9.4	24.2	47.1	17.4
医药院校	1.5	8.6	24.5	49.6	15.9	3.5	10.6	30.4	43.0	12.5
综合大学	1.7	9.7	25.1	47.0	16.3	2.1	10.4	25.3	46.1	16.2
其他高校	1.4	9.2	23.9	47.5	17.9	1.8	11.0	26.1	44.8	16.3
总计	1.7	9.2	24.1	48.2	16.8	2.3	10.4	26.1	45.6	15.7

表8-47　不同隶属普通本科高校研究生参与科研工作的兴趣情况（2018—2019年）

单位：%

高校隶属	研究生对科研工作的兴趣情况									
	2019年					2018年				
	没兴趣/讨厌	有一点兴趣	一般	比较有兴趣	非常有兴趣	没兴趣/讨厌	有一点兴趣	一般	比较有兴趣	非常有兴趣
中央	1.8	9.8	22.6	49.2	16.5	2.1	10.3	25.5	46.8	15.3
中央教育部门	1.8	10.0	22.5	49.4	16.2	2.1	10.7	24.9	47.2	15.1
中央其他部门	2.3	8.3	23.2	47.6	18.6	2.3	8.4	29.0	44.2	16.1
地方	1.6	9.1	24.6	47.9	16.9	2.3	10.4	26.2	45.3	15.7
地方教育部门	1.6	9.1	24.6	47.9	16.9	2.3	10.4	26.2	45.3	15.8
地方其他部门	0.0	0.0	0.0	0.0	100.0	4.0	12.0	32.0	36.0	16.0
民办	12.5	0.0	25.0	50.0	12.5	—	5.9	41.2	47.1	5.9
总计	1.7	9.2	24.1	48.2	16.8	2.3	10.4	26.1	45.6	15.7

表8-48　按"双一流"建设项目分普通本科高校研究生参与科研工作的兴趣情况（2018—2019年）

单位：%

高校分类	研究生对科研工作的兴趣情况									
	2019年					2018年				
	没兴趣/讨厌	有一点兴趣	一般	比较有兴趣	非常有兴趣	没兴趣/讨厌	有一点兴趣	一般	比较有兴趣	非常有兴趣
"双一流"建设高校	1.8	9.8	24.1	48.0	16.4	2.4	11.2	26.2	45.4	14.9
其他高校	1.6	8.8	24.2	48.3	17.1	2.2	10.0	26.0	45.6	16.1
总计	1.7	9.2	24.1	48.2	16.8	2.3	10.4	26.1	45.6	15.7

（三）接受创新创业教育状况

表8-49　不同类型普通本科高校学生尝试创业的比例（2018—2019年）

单位：%

年份	高校类型	本科生			研究生		
		尝试创业的比例	参与创新创业社团的比例	选修创新创业课程的比例	尝试创业的比例	参与创新创业社团的比例	选修创新创业课程的比例
2019年	理工院校	19.4	35.8	69.4	12.6	15.1	28.5
	农林院校	23.2	30.6	75.2	11.5	11.0	24.4
	医药院校	15.6	24.7	49.3	12.4	14.1	24.1
	综合大学	19.0	28.5	64.6	12.7	11.6	25.3
	其他高校	24.6	28.6	65.0	13.8	12.4	20.7
	总计	20.6	30.9	66.1	12.7	13.1	25.3
2018年	理工院校	21.5	38.1	70.2	15.0	19.2	32.9
	农林院校	20.3	34.3	60.7	17.7	18.1	29.0
	医药院校	16.8	25.6	53.3	13.3	12.3	21.6
	综合大学	17.6	30.9	59.5	14.2	15.1	29.8
	其他高校	25.2	33.9	65.6	20.0	18.7	25.5
	总计	20.9	34.1	64.4	15.8	17.0	28.7

表8-50　不同隶属普通本科高校学生尝试创业的比例（2018—2019年）

单位：%

年份	高校隶属	本科生			研究生		
		尝试创业的比例	参与创新创业社团的比例	选修创新创业课程的比例	尝试创业的比例	参与创新创业社团的比例	选修创新创业课程的比例
2019年	中央	11.3	28.3	64.0	10.6	10.9	23.2
	中央教育部门	11.5	27.9	62.7	10.3	10.9	22.7
	中央其他部门	10.3	30.7	72.8	12.7	11.2	26.0
	地方	21.0	31.8	67.9	13.3	13.7	25.9
	地方教育部门	20.9	31.7	67.7	13.3	13.7	25.9
	地方其他部门	26.3	35.6	75.2	100.0	100.0	100.0
	民办	29.3	25.3	48.4	25.0	25.0	25.0
	总计	20.6	30.9	66.1	12.7	13.1	25.3

续表

年份	高校隶属	本科生			研究生		
		尝试创业的比例	参与创新创业社团的比例	选修创新创业课程的比例	尝试创业的比例	参与创新创业社团的比例	选修创新创业课程的比例
2018年	中央	12.3	26.4	52.5	10.8	13.1	23.7
	中央教育部门	12.1	25.8	51.2	11.2	13.5	24.0
	中央其他部门	14.2	30.1	61.6	8.6	10.7	21.7
	地方	21.8	35.1	66.4	16.8	17.8	29.8
	地方教育部门	21.7	35.2	66.4	16.8	17.8	29.8
	地方其他部门	23.3	33.1	65.7	20.0	16.0	20.0
	民办	35.9	40.2	63.9	17.6	29.4	41.2
	总计	20.9	34.1	64.4	15.8	17.0	28.7

表8-51 按"双一流"建设项目分普通本科高校的学生尝试创业的比例（2018—2019年）

单位：%

年份	高校分类	本科生			研究生		
		尝试创业的比例	参与创新创业社团的比例	选修创新创业课程的比例	尝试创业的比例	参与创新创业社团的比例	选修创新创业课程的比例
2019年	"双一流"建设高校	13.5	28.7	64.6	11.4	11.1	24.4
	其他高校	22.5	31.5	66.5	13.6	14.5	25.9
	总计	20.6	30.9	66.1	12.7	13.1	25.3
2018年	"双一流"建设高校	15.3	28.2	57.1	12.7	13.5	26.0
	其他高校	23.0	36.3	67.2	17.5	18.9	30.3
	总计	20.9	34.1	64.4	15.8	17.0	28.7

（四）学生参与产学研合作活动情况

1. 本科生参与产学研合作活动情况

表8-52　不同类型普通本科高校本科生参与企业委托科研项目的情况及态度（2018—2019年）

单位：%

年份	高校类型	参与企业委托科研项目的重要性					参与企业委托科研项目的意愿				
		完全不重要	比较不重要	一般	比较重要	非常重要	完全不愿意	比较不愿意	一般	比较愿意	非常愿意
2019年	理工院校	1.2	4.3	21.2	54.4	19.0	1.4	3.2	20.8	46.6	28.0
	农林院校	0.9	4.5	23.7	53.8	17.1	0.9	2.9	23.2	46.8	26.2
	医药院校	1.0	3.8	26.8	53.3	15.1	1.4	3.6	24.6	47.5	23.0
	综合大学	0.8	3.6	21.2	57.1	17.3	0.9	3.1	20.9	48.5	26.6
	其他高校	1.0	4.1	24.4	53.4	17.1	1.5	3.3	24.4	45.6	25.2
	总计	1.0	4.1	22.8	54.5	17.6	1.2	3.2	22.3	46.9	26.4
2018年	理工院校	1.5	4.9	18.6	52.7	22.2	1.9	4.2	18.8	44.1	31.0
	农林院校	1.6	5.8	19.1	53.7	19.8	1.3	4.5	18.7	47.0	28.5
	医药院校	1.4	3.9	29.2	48.2	17.2	1.8	3.8	27.4	43.3	23.5
	综合大学	1.1	4.3	22.0	55.0	17.7	1.6	4.3	21.3	47.1	25.7
	其他高校	1.3	4.5	22.5	52.8	19.0	2.0	4.1	22.8	45.5	25.6
	总计	1.4	4.7	21.2	52.9	19.8	1.8	4.2	21.0	45.2	27.8

表8-53　不同隶属普通本科高校本科生参与企业委托科研项目的情况及态度（2018—2019年）

单位：%

年份	高校隶属	参与企业委托科研项目的重要性					参与企业委托科研项目的意愿				
		完全不重要	比较不重要	一般	比较重要	非常重要	完全不愿意	比较不愿意	一般	比较愿意	非常愿意
2019年	中央	1.0	3.5	23.9	55.3	16.3	1.1	3.0	20.3	49.7	26.0
	中央教育部门	1.1	3.4	24.2	54.1	17.1	1.2	2.8	20.4	49.3	26.2
	中央其他部门	0.8	3.7	21.8	62.3	11.3	0.2	4.1	19.3	51.6	24.7
	地方	1.0	4.1	22.0	55.2	17.7	1.2	3.1	21.9	47.2	26.6
	地方教育部门	1.0	4.1	22.0	55.2	17.7	1.2	3.1	21.9	47.2	26.6
	地方其他部门	0.6	4.7	20.7	56.3	17.7	0.9	3.2	24.1	45.5	26.3
	民办	1.6	4.7	30.2	45.3	18.2	2.1	4.3	30.1	38.8	24.6
	总计	1.0	4.1	22.8	54.5	17.6	1.2	3.2	22.3	46.9	26.4

年份	高校隶属	参与企业委托科研项目的重要性					参与企业委托科研项目的意愿				
		完全不重要	比较不重要	一般	比较重要	非常重要	完全不愿意	比较不愿意	一般	比较愿意	非常愿意
2018年	中央	1.0	4.8	21.8	54.9	17.5	1.5	3.9	18.8	49.0	26.7
	中央教育部门	1.0	4.9	22.0	54.5	17.5	1.6	4.0	18.9	49.2	26.3
	中央其他部门	1.1	3.6	20.6	57.4	17.3	1.4	3.3	18.1	47.6	29.5
	地方	1.4	4.6	21.1	52.8	20.1	1.8	4.2	21.1	45.0	27.8
	地方教育部门	1.4	4.6	21.1	52.8	20.1	1.7	4.3	21.0	45.2	27.8
	地方其他部门	2.8	3.9	21.0	52.3	20.0	2.7	3.9	23.6	42.2	27.6
	民办	1.8	5.6	23.1	46.6	22.9	2.2	4.4	27.4	34.8	31.2
	总计	1.4	4.7	21.2	52.9	19.8	1.8	4.2	21.0	45.2	27.8

表8-54 按"双一流"建设项目分普通本科高校本科生参与企业委托科研项目的
情况及态度（2018—2019年）

单位：%

年份	高校分类	参与企业委托科研项目的重要性					参与企业委托科研项目的意愿				
		完全不重要	比较不重要	一般	比较重要	非常重要	完全不愿意	比较不愿意	一般	比较愿意	非常愿意
2019年	"双一流"建设高校	1.0	3.7	22.8	55.2	17.2	1.0	3.1	20.2	49.8	25.9
	其他高校	1.0	4.2	22.8	54.3	17.7	1.3	3.2	22.9	46.1	26.5
	总计	1.0	4.1	22.8	54.5	17.6	1.2	3.2	22.3	46.9	26.4
2018年	"双一流"建设高校	1.1	4.4	22.6	54.6	17.4	1.4	4.2	20.8	47.4	26.3
	其他高校	1.5	4.8	20.7	52.2	20.8	1.9	4.2	21.1	44.4	28.3
	总计	1.4	4.7	21.2	52.9	19.8	1.8	4.2	21.0	45.2	27.8

2. 研究生参与产学研合作活动的情况

表8-55　不同类型普通本科高校研究生参与企业委托科研项目的情况及态度（2018—2019年）

单位：%

年份	高校类型	参与企业委托科研项目的重要性					参与企业委托科研项目的意愿				
		完全不重要	比较不重要	一般	比较重要	非常重要	完全不愿意	比较不愿意	一般	比较愿意	非常愿意
2019年	理工院校	0.6	3.5	24.5	54.1	17.4	0.9	3.5	24.3	50.7	20.6
	农林院校	0.4	3.0	26.7	54.2	15.6	0.8	3.2	27.0	50.1	19.0
	医药院校	1.0	4.1	40.8	44.1	9.9	1.4	5.1	38.7	42.1	12.6
	综合大学	0.8	3.6	29.1	51.6	14.9	1.2	4.1	28.8	48.6	17.4
	其他高校	0.7	3.0	26.1	55.8	14.4	0.9	3.6	26.5	49.9	19.2
	总计	0.7	3.4	27.8	52.8	15.2	1.0	3.8	27.6	49.1	18.5
2018年	理工院校	0.7	4.3	21.8	53.4	19.7	0.6	3.8	23.2	48.7	23.6
	农林院校	0.7	4.0	21.5	54.4	19.5	0.8	3.0	26.8	47.6	21.7
	医药院校	1.6	5.5	38.2	43.2	11.5	1.8	5.0	39.2	41.3	12.7
	综合大学	1.0	4.1	23.3	54.4	17.1	0.9	4.5	24.7	49.9	20.0
	其他高校	0.8	4.0	24.7	53.5	17.0	0.8	4.1	27.7	47.2	20.2
	总计	0.9	4.3	25.1	52.3	17.4	0.9	4.1	27.1	47.6	20.3

表8-56　不同隶属普通本科高校研究生参与企业委托科研项目的情况及态度（2018—2019年）

单位：%

年份	高校隶属	参与企业委托科研项目的重要性					参与企业委托科研项目的意愿				
		完全不重要	比较不重要	一般	比较重要	非常重要	完全不愿意	比较不愿意	一般	比较愿意	非常愿意
2019年	中央	0.7	4.1	29.3	52.4	13.6	1.3	4.5	27.6	50.4	16.2
	中央教育部门	0.6	3.9	29.1	52.7	13.6	1.2	4.2	27.9	50.6	16.2
	中央其他部门	0.9	5.1	30.2	50.1	13.7	1.9	6.7	26.0	49.4	16.0
	地方	0.7	3.2	27.4	53.0	15.7	0.9	3.6	27.5	48.8	19.2
	地方教育部门	0.7	3.2	27.4	53.0	15.7	0.9	3.6	27.5	48.8	19.2
	地方其他部门	0.0	0.0	0.0	0.0	100.0	0.0	0.0	0.0	0.0	100.0
	民办	0.0	0.0	25.0	50.0	25.0	0.0	0.0	37.5	25.0	37.5
	总计	0.7	3.4	27.8	52.8	15.2	1.0	3.8	27.6	49.1	18.5

续表

年份	高校隶属	参与企业委托科研项目的重要性					参与企业委托科研项目的意愿				
		完全 不重要	比较 不重要	一般	比较 重要	非常 重要	完全 不愿意	比较 不愿意	一般	比较 愿意	非常 愿意
2018年	中央	1.0	4.8	26.0	53.6	14.6	0.8	4.8	25.7	49.8	18.8
	中央教育部门	0.9	4.8	26.0	53.9	14.4	0.8	4.8	25.9	50.1	18.4
	中央其他部门	1.4	5.1	25.9	51.6	15.9	0.9	4.9	25.0	48.1	21.0
	地方	0.9	4.2	24.9	52.0	17.9	0.9	4.0	27.3	47.1	20.6
	地方教育部门	5.9	5.9	47.1	23.5	17.6	0.9	4.2	24.9	52.1	17.9
	地方其他部门	0.9	4.2	24.9	52.1	17.9	—	12.0	32.0	36.0	20.0
	民办	—	12.0	32.0	36.0	20.0	5.9	5.9	47.1	23.5	17.6
	总计	0.9	4.3	25.1	52.3	17.4	0.9	4.1	27.1	47.6	20.3

**表8-57 按"双一流"建设项目分普通本科高校研究生参与企业委托
科研项目的情况及态度（2018—2019年）**

单位：%

年份	高校 分类	参与企业委托科研项目的重要性					参与企业委托科研项目的意愿				
		完全不 重要	比较不 重要	一般	比较 重要	非常 重要	完全 不愿意	比较不 愿意	一般	比较 愿意	非常 愿意
2019年	"双一流" 建设高校	0.8	3.8	28.6	52.6	14.2	1.2	4.3	27.6	49.6	17.3
	其他高校	0.6	3.2	27.3	53.0	16.0	0.8	3.4	27.5	48.8	19.4
	总计	0.7	3.4	27.8	52.8	15.2	1.0	3.8	27.6	49.1	18.5
2018年	"双一流" 建设高校	0.9	4.3	25.1	53.5	16.2	0.8	4.3	25.6	49.4	19.8
	其他高校	0.9	4.4	25.1	51.6	18.0	1.0	4.1	27.9	46.5	20.6
	总计	0.9	4.3	25.1	52.3	17.4	0.9	4.1	27.1	47.6	20.3

3. 研究生参与企业委托或与企业合作科研项目的情况

表8-58　不同类型普通本科高校研究生参与企业委托或与企业合作的科研项目的情况（2018—2019年）

单位：%

高校类型	参与企业委托或与企业合作的科研项目的情况									
	2019年					2018年				
	没参与过	比较少	一般	比较多	非常多	完全没有	比较少	有一些	比较多	非常多
理工院校	40.2	19.0	24.0	13.8	2.9	21.6	33.1	30.4	11.8	3.2
农林院校	46.0	19.9	21.8	10.4	1.9	23.3	37.4	28.6	8.6	2.1
医药院校	65.7	16.5	12.6	4.2	1.0	44.6	30.5	20.9	3.0	1.1
综合大学	51.9	19.4	18.4	8.9	1.4	30.7	34.4	24.7	8.3	1.9
其他高校	61.3	19.4	14.4	4.3	0.6	37.6	34.7	21.3	4.7	1.6
总计	50.6	19.0	19.2	9.3	1.8	30.3	33.8	25.7	8.0	2.2

表8-59　不同隶属普通本科高校研究生参与企业委托或与企业合作的科研项目的情况（2018—2019年）

单位：%

高校隶属	参与企业委托或与企业合作的科研项目的情况									
	2019年					2018年				
	没参与过	比较少	一般	比较多	非常多	完全没有	比较少	有一些	比较多	非常多
中央	45.7	17.7	20.0	14.0	2.6	27.1	33.5	26.1	10.8	2.6
中央教育部门	45.0	17.9	20.4	14.3	2.5	27.0	33.5	25.9	11.0	2.6
中央其他部门	50.6	16.0	17.8	12.0	3.7	27.3	33.4	27.1	9.8	2.3
地方	52.0	19.4	19.0	8.0	1.5	31.0	33.8	25.7	7.4	2.1
地方教育部门	52.0	19.4	19.0	8.0	1.5	31.0	33.8	25.7	7.4	2.1
地方其他部门	0.0	0.0	0.0	100.0	0.0	36.0	48.0	8.0	4.0	4.0
民办	50.0	0.0	25.0	25.0	0.0	11.8	23.5	52.9	11.8	—
总计	50.6	19.0	19.2	9.3	1.8	30.3	33.8	25.7	8.0	2.2

表8-60 按"双一流"建设项目分普通本科高校研究生参与企业委托或与企业合作的科研项目的情况
（2018—2019年）

单位：%

高校分类	参与企业委托或与企业合作的科研项目的情况									
	2019年					2018年				
	没参与过	比较少	一般	比较多	非常多	完全没有	比较少	有一些	比较多	非常多
"双一流"建设高校	48.5	18.5	19.5	11.5	2.1	28.8	33.7	26.0	9.3	2.3
其他高校	52.1	19.4	19.1	7.8	1.6	31.2	33.8	25.6	7.3	2.1
总计	50.6	19.0	19.2	9.3	1.8	30.3	33.8	25.7	8.0	2.2

4. 本科生、研究生与企业开展合作项目情况

表8-61 不同类型普通本科高校本科生与企业开展合作项目情况（2018—2019年）

单位：%

年份	高校类型	参与企业合作活动的主要方面						
		产品研发	产品设计	解决流程或管理的实际问题	前沿探索性理论研究	产品销售或宣传	参观实习	其他
2019年	理工院校	13.1	17.2	22.7	19.2	30.9	67.6	46.9
	农林院校	10.3	15.1	24.3	18.0	41.2	77.7	54.2
	医药院校	9.4	11.0	17.4	15.1	27.0	64.5	38.6
	综合大学	11.6	15.3	23.2	17.4	31.0	69.8	45.8
	其他高校	8.9	13.9	21.7	15.8	35.1	62.4	46.8
	总计	11.2	15.3	22.3	17.6	32.8	67.8	46.8
2018年	理工院校	16.6	21.5	27.3	22.2	34.2	77.7	54.8
	农林院校	11.8	15.2	22.2	18.3	32.1	76.1	48.3
	医药院校	9.6	10.5	15.0	14.2	25.0	68.9	41.6
	综合大学	13.6	17.6	24.4	21.2	30.9	74.0	50.4
	其他高校	11.9	16.1	23.6	18.3	36.2	68.5	50.7
	总计	13.9	18.0	24.3	20.1	32.9	74.0	51.2

表8-62　不同隶属普通本科高校本科生与企业开展合作项目情况（2018—2019年）

单位：%

年份	高校隶属	参与企业合作活动的主要方面						
		产品研发	产品设计	解决流程 或管理的 实际问题	前沿探索 性理论 研究	产品销售 或宣传	参观实习	其他
2019年	中央	17.1	19.0	27.0	23.6	24.4	79.8	44.3
	中央教育部门	16.3	18.4	27.8	23.8	24.1	79.6	44.7
	中央其他部门	21.7	23.0	22.0	22.7	26.1	80.7	41.9
	地方	10.5	15.0	21.8	16.9	33.6	67.8	47.3
	地方教育部门	10.5	14.9	21.7	16.8	33.4	67.6	47.1
	地方其他部门	11.9	18.2	30.2	24.2	42.8	78.0	57.5
	民办	9.0	12.6	20.1	15.0	38.1	47.3	45.1
	总计	11.2	15.3	22.3	17.6	32.8	67.8	46.8
2018年	中央	15.3	17.7	23.3	21.0	24.8	78.9	47.1
	中央教育部门	15.8	17.8	23.5	21.4	24.4	79.7	47.6
	中央其他部门	11.9	16.7	22.2	18.4	28.0	72.7	43.7
	地方	13.6	17.8	23.9	19.4	33.4	73.0	51.4
	地方教育部门	13.6	17.8	23.8	19.6	33.5	72.9	51.4
	地方其他部门	12.1	16.1	25.5	16.1	30.6	74.2	51.3
	民办	16.6	24.9	39.7	33.3	54.5	80.8	63.8
	总计	13.9	18.0	24.3	20.1	32.9	74.0	51.2

表8-63　按"双一流"建设项目分普通本科高校本科生与企业开展合作项目情况（2018—2019年）

单位：%

年份	高校分类	参与企业合作活动的主要方面						
		产品研发	产品设计	解决流程 或管理的 实际问题	前沿探索 性理论 研究	产品销售 或宣传	参观实习	其他
2019年	"双一流" 建设高校	14.6	17.5	24.7	21.2	26.5	75.7	44.6
	其他高校	10.2	14.6	21.6	16.5	34.6	65.6	47.5
	总计	11.2	15.3	22.3	17.6	32.8	67.8	46.8

续表

年份	高校分类	参与企业合作活动的主要方面						
		产品研发	产品设计	解决流程或管理的实际问题	前沿探索性理论研究	产品销售或宣传	参观实习	其他
2018年	"双一流"建设高校	13.7	16.6	21.7	19.0	26.3	74.2	46.1
	其他高校	14.0	18.5	25.3	20.5	35.4	74.0	53.2
	总计	13.9	18.0	24.3	20.1	32.9	74.0	51.2

表8-64　不同类型普通本科高校研究生与企业开展合作项目情况（2018—2019年）

单位：%

年份	高校类型	参与企业合作活动的主要方面						
		产品研发	产品设计	解决流程或管理的实际问题	前沿探索性理论研究	产品销售或宣传	参观实习	其他
2019年	理工院校	40.8	39.3	44.7	50.8	15.1	69.4	51.3
	农林院校	30.5	29.1	44.4	47.1	18.6	74.1	53.8
	医药院校	23.0	18.4	26.2	38.2	13.7	49.9	35.2
	综合大学	32.9	29.8	37.0	43.8	13.9	63.6	48.2
	其他高校	17.8	21.4	31.6	39.0	18.1	63.3	47.8
	总计	32.8	31.6	39.3	45.9	15.5	66.0	49.1
2018年	理工院校	28.4	29.3	32.4	39.4	15.0	63.4	47.2
	农林院校	21.7	20.3	28.7	35.1	16.9	65.2	46.9
	医药院校	10.0	8.1	12.8	20.1	8.4	32.2	22.2
	综合大学	18.8	17.1	24.6	31.1	13.4	55.1	39.1
	其他高校	11.0	12.4	19.5	25.8	15.0	52.0	38.5
	总计	19.4	19.2	24.9	31.6	13.9	54.9	39.9

表8-65 不同隶属普通本科高校研究生与企业开展合作项目情况（2018—2019年）

单位：%

年份	高校隶属	参与企业合作活动的主要方面						
		产品研发	产品设计	解决流程或管理的实际问题	前沿探索性理论研究	产品销售或宣传	参观实习	其他
2019年	中央	41.6	38.5	42.9	49.8	13.7	64.7	45.8
	中央教育部门	40.8	37.4	43.1	49.7	14.2	65.0	46.6
	中央其他部门	48.0	47.0	40.9	50.5	10.3	61.9	40.2
	地方	30.1	29.4	38.2	44.6	16.1	66.5	50.1
	地方教育部门	30.1	29.4	38.2	44.6	16.1	66.5	50.1
	地方其他部门	0.0	0.0	100.0	100.0	0.0	100.0	100.0
	民办	50.0	50.0	50.0	25.0	0.0	50.0	50.0
	总计	32.8	31.6	39.3	45.9	15.5	66.0	49.1
2018年	中央	22.9	20.9	27.0	34.5	12.0	57.2	37.6
	中央教育部门	22.4	20.2	27.6	34.4	12.4	57.6	38.0
	中央其他部门	25.9	24.3	23.6	34.8	9.6	54.9	35.3
	地方	18.7	18.9	24.4	31.0	14.2	54.5	40.4
	地方教育部门	18.7	18.8	24.4	31.0	14.2	54.5	40.4
	地方其他部门	24.0	20.0	28.0	32.0	24.0	36.0	32.0
	民办	52.9	47.1	41.2	52.9	52.9	52.9	47.1
	总计	19.4	19.2	24.9	31.6	13.9	54.9	39.9

表8-66 按"双一流"建设项目分普通本科高校研究生与企业开展合作项目情况（2018—2019年）

单位：%

年份	高校分类	参与企业合作活动的主要方面						
		产品研发	产品设计	解决流程或管理的实际问题	前沿探索性理论研究	产品销售或宣传	参观实习	其他
2019年	"双一流"建设高校	36.7	34.0	41.1	47.9	13.6	64.0	45.9
	其他高校	30.1	29.8	38.0	44.3	16.9	67.5	51.4
	总计	32.8	31.6	39.3	45.9	15.5	66.0	49.1

年份	高校分类	参与企业合作活动的主要方面						
		产品研发	产品设计	解决流程或管理的实际问题	前沿探索性理论研究	产品销售或宣传	参观实习	其他
2018年	"双一流"建设高校	20.0	19.0	25.7	31.8	12.6	55.4	38.3
	其他高校	19.1	19.3	24.5	31.5	14.6	54.6	40.8
	总计	19.4	19.2	24.9	31.6	13.9	54.9	39.9

（五）创新人才培养的环境

1.学校创新人才培养氛围

表8-67 普通本科高校本科生关于学校对创新人才培养氛围的评价（2018—2019年）

单位：%

年份	学生认为学校对以下方面的重视程度	完全不重视	不太重视	一般	比较重视	非常重视
2019年	具有创新创业的意识和素养	1.1	4.7	29.5	41.3	23.4
	营造平等、民主、开放、自由的学术氛围	1.0	4.1	27.2	42.4	25.4
	本科生参与到教师的科研项目之中	1.6	7.5	32.0	36.7	22.2
	本科生参与创新创业大赛和科技类竞赛	0.9	3.8	25.8	41.3	28.2
	在人才培养上与行业、企业紧密结合	1.5	6.6	32.5	37.5	22.0
	强调学生掌握多学科知识、具有跨学科视野	1.2	5.3	29.2	39.1	25.2
	强调学以致用	1.0	3.8	24.8	40.6	29.9
	为学生创新创业提供支持与帮助	1.1	4.4	26.1	40.5	27.9
	对学术道德和学术规范的严格遵守	0.8	3.1	23.3	39.7	33.1
	支持各类科技创新成果有效转化	1.0	4.3	28.3	39.5	26.9
2018年	具有创新创业的意识和素养	1.5	5.5	25.8	40.9	26.3
	营造平等、民主、开放、自由的学术氛围	1.4	4.8	24.8	40.7	28.4
	本科生参与到教师的科研项目之中	1.6	6.9	27.6	37.7	26.2

年份	学生认为学校对以下方面的重视程度	完全不重视	不太重视	一般	比较重视	非常重视
2018年	本科生参与创新创业大赛和科技类竞赛	1.0	4.2	22.3	40.6	32.0
	在人才培养上与行业、企业紧密结合	1.5	6.8	28.8	37.9	25.0
	强调学以致用	1.3	4.9	24.4	38.6	30.9
	为学生创新创业提供支持与帮助	1.3	4.6	23.0	40.1	31.0
	对学术道德和学术规范的严格遵守	1.1	3.6	20.9	38.6	35.7
	支持各类科技创新成果有效转化	1.3	5.0	25.4	38.8	29.5

表8-68　普通本科高校研究生关于学校对创新人才培养氛围的评价（2018—2019年）

单位：%

年份	学生认为学校对以下方面的重视程度	完全不重视	不太重视	一般	比较重视	非常重视
2019年	科研工作具有创新性	0.7	3.0	21.0	45.0	30.3
	科研氛围平等、民主、开放、自由	1.0	3.4	20.8	44.9	29.9
	跨学科合作、多学科交叉的科研工作	0.9	4.8	25.5	41.7	27.1
	与国外同行进行学术交流与科研合作	1.8	7.5	27.4	38.0	25.3
	与企业、研究所等其他机构协同合作	1.7	7.0	28.7	39.1	23.5
	为研究生创新创业提供支持与帮助	1.8	6.2	26.2	39.9	25.7
	对学术道德和学术规范的严格遵守	0.5	1.6	13.5	37.0	47.4
	支持各类科技创新成果有效转化	0.9	4.0	23.6	41.0	30.4
2018年	科研工作具有创新性	1.2	4.4	24.0	42.1	28.3
	科研氛围平等、民主、开放、自由	1.4	4.5	24.4	42.3	27.4
	跨学科合作、多学科交叉的科研工作	1.3	5.6	27.7	40.3	25.1
	科研创新成果有效转化	1.3	6.1	29.3	39.3	24.0
	与企业、研究所等其他机构协同合作	1.6	7.3	30.5	38.4	22.2
	为研究生创新创业提供支持与帮助	2.1	7.3	28.9	38.0	23.7
	对学术道德和学术规范的严格遵守	0.9	2.6	17.2	35.9	43.5
	支持各类科技创新成果有效转化	1.2	5.1	26.6	39.4	27.7

2.学生开展科技创新的基础条件

表8-69　普通本科高校本科生对学校科技创新条件的评价（2018—2019年）

单位：%

年份	学生对学校创新条件的评价	从未	偶尔	有时	较常	经常
2019年	通过图书馆系统能够找到所需要的文献资源	2.1	9.8	27.1	32.7	28.3
	实验室开放时间和实验设备能够满足你的科研需求	5.6	12.8	30.5	29.7	21.3
	电子信息设备及网络条件能够满足你的学习需求	2.2	9.4	26.9	34.2	27.3
	教师能为本科生科研创新项目提供充分指导和咨询	2.0	9.0	28.1	34.1	26.8
	本科生开展科技创新活动能够得到一定的经费支持	4.2	12.4	30.6	30.2	22.6
	学校或老师能够为学生提供与企业合作交流的机会	4.1	13.0	32.9	29.3	20.7
2018年	通过图书馆系统能够找到所需要的文献资源	2.2	9.2	24.2	32.4	32.0
	实验室开放时间和实验设备能够满足你的科研需求	4.5	12.1	28.4	29.8	25.2
	电子信息设备及网络条件能够满足你的学习需求	2.2	8.8	25.0	34.0	30.0
	教师能为本科生科研创新项目提供充分指导和咨询	1.9	7.9	25.5	34.2	30.6
	本科生开展科技创新活动能够得到一定的经费支持	3.4	11.5	27.8	30.6	26.6
	学校或老师能够为学生提供与企业合作交流的机会	3.3	11.7	30.1	30.2	24.7

表8-70　普通本科高校研究生对学校科技创新条件的评价（2018—2019年）

单位：%

年份	学生对学校创新条件的评价	从未	偶尔	有时	较常	经常
2019年	通过图书馆系统能够找到所需要的文献资源	0.9	5.3	15.0	32.5	46.3
	实验室开放时间和实验设备能够满足你的科研需求	2.8	6.8	19.5	33.6	37.3
	导师能为研究生学术成长给予充分指导和支持	1.0	4.6	14.6	33.0	46.9
	电子信息设备及网络条件能够满足你的学习需求	0.7	3.8	15.0	36.0	44.5
	做科研项目有较为充足的经费保障	3.0	7.5	20.9	32.2	36.4
	学校或老师为研究生提供与企业合作交流的机会	7.1	12.7	26.0	27.0	27.1

年份	学生对学校创新条件的评价	从未	偶尔	有时	较常	经常
2018年	通过图书馆系统能够找到所需的文献资源	1.3	6.4	18.2	31.9	42.2
	实验室开放时间和实验设备能够满足你的科研需求	3.5	8.4	22.5	32.2	33.5
	导师能为研究生学术成长给予充分指导和支持	1.3	6.1	18.8	31.9	41.9
	电子信息设备及网络条件能够满足你的学习需求	1.2	5.4	19.1	34.8	39.5
	做科研项目有较为充足的经费保障	3.6	9.6	24.3	29.7	32.7
	学校或老师为研究生提供与企业合作交流的机会	7.3	12.9	27.1	27.0	25.7

表8-71　阻碍普通本科高校学生参与科研创新项目的原因（2018—2019年）

单位：%

年份	阻碍学生参与科研创新项目的原因	本科生					研究生				
		没有阻碍	阻碍较小	一般	阻碍较大	极大阻碍	没有阻碍	阻碍较小	一般	阻碍较大	极大阻碍
2019年	缺乏经费支持	7.0	14.3	40.4	27.5	10.9	19.2	20.5	33.2	19.2	8.0
	科研创新的项目或活动较少	6.9	15.3	42.7	27.7	7.5	14.1	19.5	37.2	23.1	6.1
	缺乏信息来源	6.7	15.9	37.8	29.6	10.1	15.2	20.5	32.8	23.7	7.7
	缺乏教师的指导和支持	11.5	21.2	38.5	21.6	7.2	24.3	24.7	29.5	15.6	6.0
	不感兴趣	11.9	20.0	39.7	17.9	10.4	20.5	25.4	33.8	13.0	7.3
	时间不足	7.0	17.2	40.7	25.9	9.2	15.2	23.2	33.5	20.4	7.8
	科研创新项目资源有限	6.2	13.9	40.1	30.4	9.5	13.8	19.0	35.2	24.6	7.5
	个人发展不需要	15.6	21.2	42.5	14.6	6.0	21.6	25.4	37.7	11.1	4.2
	其他原因	18.1	15.9	50.4	11.0	4.6	28.4	19.4	43.4	6.1	2.6
2018年	缺乏经费支持	7.9	16.0	37.8	27.5	10.8	15.7	18.3	34.6	21.6	9.8
	科研创新的项目或活动较少	8.0	17.3	40.6	26.9	7.2	11.4	17.4	39.3	24.8	7.2
	缺乏信息来源	8.0	17.6	35.2	29.2	10.0	12.7	18.5	34.8	24.7	9.2
	缺乏教师的指导和支持	13.0	22.5	35.5	21.6	7.3	20.3	23.4	32.3	17.1	6.8
	不感兴趣	13.5	20.9	36.2	18.3	11.1	17.7	24.2	36.3	13.7	8.2
	时间不足	7.3	18.1	37.5	27.1	10.0	12.8	21.4	35.3	21.6	8.9
	科研创新项目资源有限	7.0	16.0	37.2	30.5	9.4	11.6	17.7	36.3	25.9	8.5
	个人发展不需要	16.9	22.2	39.1	15.4	6.4	18.7	23.7	39.7	12.9	4.9
	其他原因	19.2	17.8	46.5	11.6	5.0	24.5	18.4	44.9	8.6	3.6

附录1　普通高校创新调查对象

1. 参加"普通高校创新信息采集"的学校基本情况

截至2020年5月1日，共有2186所高校参加了"2019年度普通高校创新信息采集"工作。截至2019年5月1日，共有2241所高校参加了"2018年度普通高校创新信息采集"工作。

附表1　参加调查高校的类型分布

高校类型	2019年			2018年		
	填报学校数量（所）	学校总数量（所）	填报比例（％）	填报学校数量（所）	学校总数量（所）	填报比例（％）
综合大学	533	657	81.13	538	636	84.59
理工院校	778	968	80.37	801	944	84.85
农业院校	70	84	83.33	73	83	87.95
林业院校	17	19	89.47	16	19	84.21
医药院校	178	216	82.41	176	206	85.44
师范院校	203	249	81.53	206	234	88.03
语文院校	37	53	69.81	46	55	83.64
财经院校	200	273	73.26	213	269	79.18
政法院校	55	70	78.57	53	73	72.60
体育院校	28	37	75.68	30	37	81.08
艺术院校	72	94	76.60	72	92	78.26
民族院校	15	18	83.33	17	18	94.44
总计	2186	2738	79.84	2241	2666	84.06

附表2 参加调查高校的规格分布

高校规格	2019年			2018年		
	填报学校数量（所）	学校总数量（所）	填报比例（%）	填报学校数量（所）	学校总数量（所）	填报比例（%）
本科	1108	1270	87.24	1116	1248	89.42
其中：独立学院	183	241	75.93	202	262	77.10
专科	1078	1468	73.43	1125	1418	79.34
总计	2186	2738	79.84	2241	2666	84.06

附表3 参加调查高校的隶属分布

高校隶属	2019年			2018年		
	填报学校数量（所）	学校总数量（所）	填报比例（%）	填报学校数量（所）	学校总数量（所）	填报比例（%）
中央部门	108	118	91.53	104	120	86.67
教育部门	72	76	94.74	70	76	92.11
其他部门	36	42	85.71	34	44	77.27
地方	1522	1846	85.17	1559	1796	86.80
教育部门	1031	1202	85.77	1028	1154	89.08
其他部门	442	585	75.56	483	583	82.85
具有法人资格的中外合作办学	9	12	75.00	11	11	100.00
地方企业	40	47	85.11	37	48	77.08
民办	556	774	71.83	578	750	77.07
总计	2186	2738	79.84	2241	2666	84.06

附表4 参加调查高校进入"双一流"建设项目的分布

高校分类	2019年			2018年		
	填报学校数量（所）	学校总数量（所）	填报比例（%）	填报学校数量（所）	学校总数量（所）	填报比例（%）
"世界一流大学"建设高校	41	41	100.00	39	41	95.12
"世界一流学科"建设高校	84	96	87.50	58	96	60.42
其他高校	2061	2601	79.24	2144	2529	83.42
总计	2186	2738	79.84	2241	2666	84.06

附表5 参加调查高校的地区分布

地区	2019年			2018年		
	填报学校数量（所）	学校总数量（所）	填报比例（%）	填报学校数量（所）	学校总数量（所）	填报比例（%）
北　京	70	92	76.09	62	92	67.39
天　津	55	57	96.49	52	57	91.23
河　北	106	125	84.80	116	122	95.08
山　西	34	85	40.00	45	83	54.22
内蒙古	43	54	79.63	48	53	90.57
辽　宁	103	114	90.35	78	115	67.83
吉　林	62	64	96.88	57	62	91.94
黑龙江	71	80	88.75	71	81	87.65
上　海	60	63	95.24	60	64	93.75
江　苏	158	167	94.61	151	167	90.42
浙　江	106	109	97.25	98	108	90.74
安　徽	116	120	96.67	109	119	91.60
福　建	82	89	92.13	85	89	95.51
江　西	71	105	67.62	80	102	78.43
山　东	128	152	84.21	115	145	79.31
河　南	87	151	57.62	125	140	89.29
湖　北	67	129	51.94	85	128	66.41
湖　南	72	128	56.25	92	124	74.19
广　东	150	154	97.40	150	153	98.04
广　西	54	82	65.85	70	75	93.33
海　南	16	21	76.19	20	20	100.00
重　庆	62	68	91.18	55	65	84.62
四　川	84	131	64.12	92	119	77.31
贵　州	46	75	61.33	39	72	54.17
云　南	73	82	89.02	69	79	87.34
西　藏	6	6	100.00	6	6	100.00
陕　西	88	97	90.72	91	96	94.79
甘　肃	49	50	98.00	48	49	97.96
青　海	12	12	100.00	12	12	100.00
宁　夏	18	20	90.00	19	19	100.00

地区	2019年			2018年		
	填报学校数量（所）	学校总数量（所）	填报比例（%）	填报学校数量（所）	学校总数量（所）	填报比例（%）
新　疆	37	56	66.07	41	50	82.00
总　计	2186	2738	79.84	2241	2666	84.06

2. 普通本科高校教师创新情况调查的样本分布

截至2020年9月，全国共有16 525位同时担任教学和科研工作的普通本科高校教师参与了2019年度个人创新情况调查。截至2019年9月，全国共有13 212位同时担任教学和科研工作的普通本科高校教师参与了2018年度个人创新情况调查。

附表6　按高校类型分教师样本分布情况

高校类型	2019年		2018年	
	有效样本量（人）	有效百分比（%）	有效样本量（人）	有效百分比（%）
理工院校	5790	35.04	5127	38.81
农林院校	1476	8.93	974	7.37
医药院校	1559	9.43	1201	9.09
综合大学	4083	24.71	2564	19.41
其他高校	3617	21.89	3346	25.33
总计	16 525	100.00	13 212	100.00

附表7　按高校隶属分教师样本分布情况

高校隶属	2019年		2018年	
	有效样本量（人）	有效百分比（%）	有效样本量（人）	有效百分比（%）
中央	2328	14.09	2238	16.94
中央教育部门	1946	11.78	1819	13.77
中央其他部门	382	2.31	419	3.17
地方	13 653	82.62	10 632	80.47
地方教育部门	13 319	80.60	9953	75.33
地方其他部门	334	2.02	679	5.14

续表

高校隶属	2019年		2018年	
	有效样本量（人）	有效百分比（%）	有效样本量（人）	有效百分比（%）
民办	544	3.29	342	2.59
总计	16 525	100.00	13 212	100.00

附表8 按"双一流"建设项目分高校教师样本分布情况

高校分类	2019年		2018年	
	有效样本量（人）	有效百分比（%）	有效样本量（人）	有效百分比（%）
"双一流"建设高校	4295	25.99	3583	27.12
其他高校	12 230	74.01	9629	72.88
总计	16 525	100.00	13 212	100.00

3. 普通本科高校学生创新情况调查的样本分布

截至2020年9月，全国共有34 228位本科生和20 930位研究生参与了2019年度个人创新情况调查。截至2019年9月，全国共有20 910位本科生和16 330位研究生参与了2018年度个人创新情况调查。

（1）本科生调查

附表9 不同类型高校本科生样本分布情况

高校类型	2019年		2018年	
	有效样本量（人）	有效百分比（%）	有效样本量（人）	有效百分比（%）
理工院校	11 853	34.63	8034	38.42
农林院校	3811	11.13	1930	9.23
医药院校	3292	9.62	2030	9.71
综合大学	7212	21.07	4427	21.17
其他高校	8060	23.55	4489	21.47
总计	34 228	100.00	20 910	100.00

附表10 不同隶属高校本科生样本分布情况

高校隶属	2019年		2018年	
	有效样本量（人）	有效百分比（%）	有效样本量（人）	有效百分比（%）
中央	3560	10.40	2865	13.70
中央教育部门	3074	8.98	2506	11.98
中央其他部门	486	1.42	359	1.72
地方	28 224	82.46	17 369	83.07
地方教育部门	27 760	81.10	16 578	79.28
地方其他部门	464	1.36	791	3.78
民办	2444	7.14	676	3.23
总计	34 228	100.00	20 910	100.00

附表11 按"双一流"建设项目分高校本科生样本分布情况

高校分类	2019年		2018年	
	有效样本量（人）	有效百分比（%）	有效样本量（人）	有效百分比（%）
"双一流"建设高校	7222	21.10	3797	18.16
其他高校	27 006	78.90	17 113	81.84
总计	34 228	100.00	20 910	100.00

（2）研究生调查

附表12 不同类型高校研究生样本分布情况

高校类型	2019年		2018年	
	有效样本量（人）	有效百分比（%）	有效样本量（人）	有效百分比（%）
理工院校	7064	33.75	5277	32.31
农林院校	1807	8.63	1643	10.06
医药院校	1917	9.16	2361	14.46
综合大学	5924	28.30	3979	24.37
其他高校	4218	20.15	3070	18.80
总计	20 930	100.00	16 330	100.00

附表13　不同隶属高校研究生样本分布情况

高校隶属	2019年		2018年	
	有效样本量（人）	有效百分比（%）	有效样本量（人）	有效百分比（%）
中央	4504	21.52	2809	17.20
中央教育部门	3935	18.80	2381	14.58
中央其他部门	569	2.72	428	2.62
地方	16 418	78.44	13 504	82.69
地方教育部门	16 417	78.44	13 479	82.54
地方其他部门	1	0.00	25	0.15
民办	8	0.04	17	0.10
总计	20 930	100.00	16 330	100.00

附表14　按"双一流"建设项目分高校研究生样本分布情况

高校分类	2019年		2018年	
	有效样本量（人）	有效百分比（%）	有效样本量（人）	有效百分比（%）
"双一流"建设高校	8459	40.42	4218	25.83
其他高校	12 471	59.58	12 112	74.17
总计	20 930	100.00	16 330	100.00

附录2　指标解释

● R&D

指为增加知识存量（也包括有关人类、文化和社会的知识）及设计已有知识的新应用而进行的创造性、系统性工作，包括基础研究、应用研究和试验发展3种类型。R&D活动应当满足5个条件：新颖性、创造性、不确定性、系统性、可转移性（可复制性）。

● R&D人员

指报告期R&D活动单位中从事基础研究、应用研究和试验发展活动的人员。包括：①直接参加上述3类R&D活动的人员；②与上述3类R&D活动相关的管理人员和直接服务人员，即直接为R&D活动提供资料文献、材料供应、设备维护等服务的人员。不包括为R&D活动提供间接服务的人员，如餐饮服务、安保人员等。

● R&D人员全时当量

指R&D全时人员（报告期从事R&D活动的实际工作时间占制度工作时间90%及以上的人员）工作量与非全时人员［报告期从事R&D活动的实际工作时间占制度工作时间10%（含）~90%（不含）的人员］按实际工作时间折算的工作量之和，是国际上通用的、用于比较科技人力投入的指标。例如：有2个R&D全时人员（工作时间分别为0.9年和1年）和3个R&D非全时人员（工作时间分别为0.2年、0.3年和0.7年），则R&D人员全时当量＝1+1+0.2+0.3+0.7=3.2（人年）。

● **基础研究**

指一种不预设任何特定应用或使用目的的实验性或理论性工作，其主要目的是为获得（已发生）现象和可观察事实的基本原理、规律和新知识。基础研究的成果通常表现为提出一般原理、理论或规律，并以论文、著作、研究报告等形式为主。

● **应用研究**

指为获取新知识，达到某一特定的实际目的或目标而开展的初始性研究。应用研究是为了确定基础研究成果的可能用途，或确定实现特定和预定目标的新方法。其研究成果以论文、著作、研究报告、原理性模型或发明专利等形式为主。

● **试验发展**

指利用从基础研究、应用研究和实际经验中获取的知识和研究过程中产生的其他知识，开发新的产品、工艺或改进现有产品、工艺而进行的系统性研究。其研究成果以专利、专有技术，以及具有新颖性的产品原型、原始样机及装置等形式为主。

● **研究人员**

指从事新知识、新产品、新工艺、新方法、新系统的构想或创造的专业人员及R&D项目（课题）主要负责人员和R&D机构的高级管理人员。研究人员一般应具备中级及以上职称或博士学历。

● **R&D经费内部支出**

指报告期调查单位内部为实施R&D活动而实际发生的全部经费，包括用于R&D项目（课题）活动的直接支出，以及间接用于R&D活动的管理费、服务费，与R&D有关的基本建设支出和外协加工费等；不包括生产性活动支出、归还贷款支出，以及与外单位合作或委托外单位进行R&D活动而转拨给对方的经费支出。

● **政府资金**

指R&D经费内部支出中来自于各级政府财政的各类资金，包括财政科学技术支出和财政其他功能支出的资金用于R&D活动的实际支出。

● 企业资金

指R&D经费内部支出中来自企业的各类资金。对企业而言，企业资金指企业自有资金、接受其他企业委托开展R&D活动而获得的资金，以及从金融机构贷款获得的开展R&D活动的资金；对科研院所、高校等事业单位而言，企业资金是指因接受从企业委托开展R&D活动而获得的各类资金。

● R&D项目（课题）

指调查单位在当年立项并开展研究工作、以前年份立项仍继续进行研究的研发项目或课题，包括当年完成和年内研究工作已告失败的研发项目或课题。

● 专利

指发明创造经审查合格后，由国务院专利行政部门依据专利法授予申请人对该项发明创造享有的专有权，是专利权的简称。发明创造是指发明、实用新型和外观设计。

● 发明专利

指对产品、方法或者其改进所提出的新的技术方案。

● 有效发明专利数

指调查单位作为专利权人在报告年度拥有的、经国内外知识产权行政部门授权且在有效期内的发明专利件数。

● 专利所有权转让及许可数

指报告年度调查单位向外单位转让专利所有权或允许专利技术由被许可单位使用的件数。

● 专利所有权转让与许可收入

指报告年度调查单位向外单位转让专利所有权或允许专利技术由被许可单位使用而得到的收入，包括当年从被转让方或被许可方得到的一次性付款和分期付款收入，以及利润分成、股息收入等。

● 高校作为卖方的成交合同数

指在全国技术市场成交合同中高校作为卖方签订的技术合同数量。

● 高校作为卖方的成交合同金额

指在全国技术市场成交合同中高校作为卖方签订的技术合同金额数。

● 学校与企业联合建立研究机构

指学校和企业联合建立实验室、研究中心等研究机构。

● 外聘教师

指在学校备案的学校聘请的外部教师，不包括院聘、系聘教师。

● 学校与企业共同承担科研项目

指学校与企业共同申请的纵向项目。纵向科技项目是指上级科技主管部门或机构批准立项的各类计划(规划)、基金项目。

● 与企业合作开展科研项目

指学校与企业共同申请的纵向项目和企业委托学校开展的横向项目。横向科技项目指企事业单位、兄弟单位委托的各类科技开发、科技服务、科学研究等方面的项目，以及政府部门非常规申报渠道下达的项目。

● 知识产权投资

指知识产权人依法将专利权、商标权或著作权等知识产权资产评估作价，作为对企业的非货币、非实物出资，以获得所对应的企业股权的行为。知识产权投资属于非货币、非实物出资，因此，必须比照实物投资，依法将知识产权资产评估作价后出资。知识产权投资一般有转让投资、合作投资、许可投资、合资投资等方式。

附录3　数据来源

1．教育部发展规划司，《中国教育统计年鉴》（2010—2019年）。

2．国家统计局社会科技和文化产业统计司、科技部战略规划司，《中国科技统计年鉴》（2011—2020年）。

3．教育部科学技术与信息化司，《高等学校科技统计资料汇编》（2011—2020年）。

4．国家统计局，《中国统计年鉴》（2011—2020年）。

5．OECD，Main Science and Technology Indicators。

6．SciVal科研评价和分析平台，其底层数据为Scopus数据库。

7．2019年和2020年采集的普通高校创新调查数据，包括2018年度和2019度普通高校创新信息采集报表、普通本科高校教师创新情况调查及普通本科高校学生创新情况调查的数据。